億を稼ぐ美学

Yuta Misaki

Billionaire Aesthetics

三崎優太
（青汁王子）

写真 HIRO KIMURA

宝島社

PROLOGUE

今日も、みんなが俺に聞いてくる。

「どうすれば三崎さんみたいに成功できますか？」

その質問を受けるたびに不思議に思う。

なんでそんなことを聞くんだろう？

お金を稼ぐのなんて簡単なのに、と。

俺は高校を二度退学後、18歳の時にパソコン1台で起業。
2017年には「すっきりフルーツ青汁」という商品が
累計1億3000万個の大ヒットを記録し、年商130億円を突破した。
この頃から「青汁王子」の異名で注目を浴びることになる。
テレビに出演したりもして、まさに順風満帆の人生といった感じだったが、
そこから一転、事件は起きた。
2019年2月。
約1億8000万円を脱税したとして、

俺は法人税法違反などの疑いで東京地検特捜部に逮捕されてしまう。
そんなことがあれば、たいていの人は「人生詰んだ」と折れてしまうだろう。
だが俺は絶対に諦めなかった。
脱税逮捕の悔しい経験をバネに
Twitterで「青汁劇場」という企画を展開。
その結果、130万人ものフォロワーを集め、
インフルエンサーの仲間入りをした。
ちなみに現在は投資家として10社以上に投資を行い、
その累計売上高は1200億円を超えている。
まさにお金と知名度を両取りすることができたわけだ。

この狂ったジェットコースターのような人生のなかで、
俺は成功をつかむ絶対法則を見つけたと思う。
それを描いながらも、本書でお伝えしていければと思う。

「俺の生き方は物語だ。
人を熱狂させ、
幸せにする物語」

欲しいものは
すべて
手に入れる。

1000億円超を稼ぎ出した起業家で、
経営者。
300万人超の累計フォロワーがいる
インフルエンサー。
お金と影響力——
どちらも持った人物が、
この世にどれくらいいるだろう？

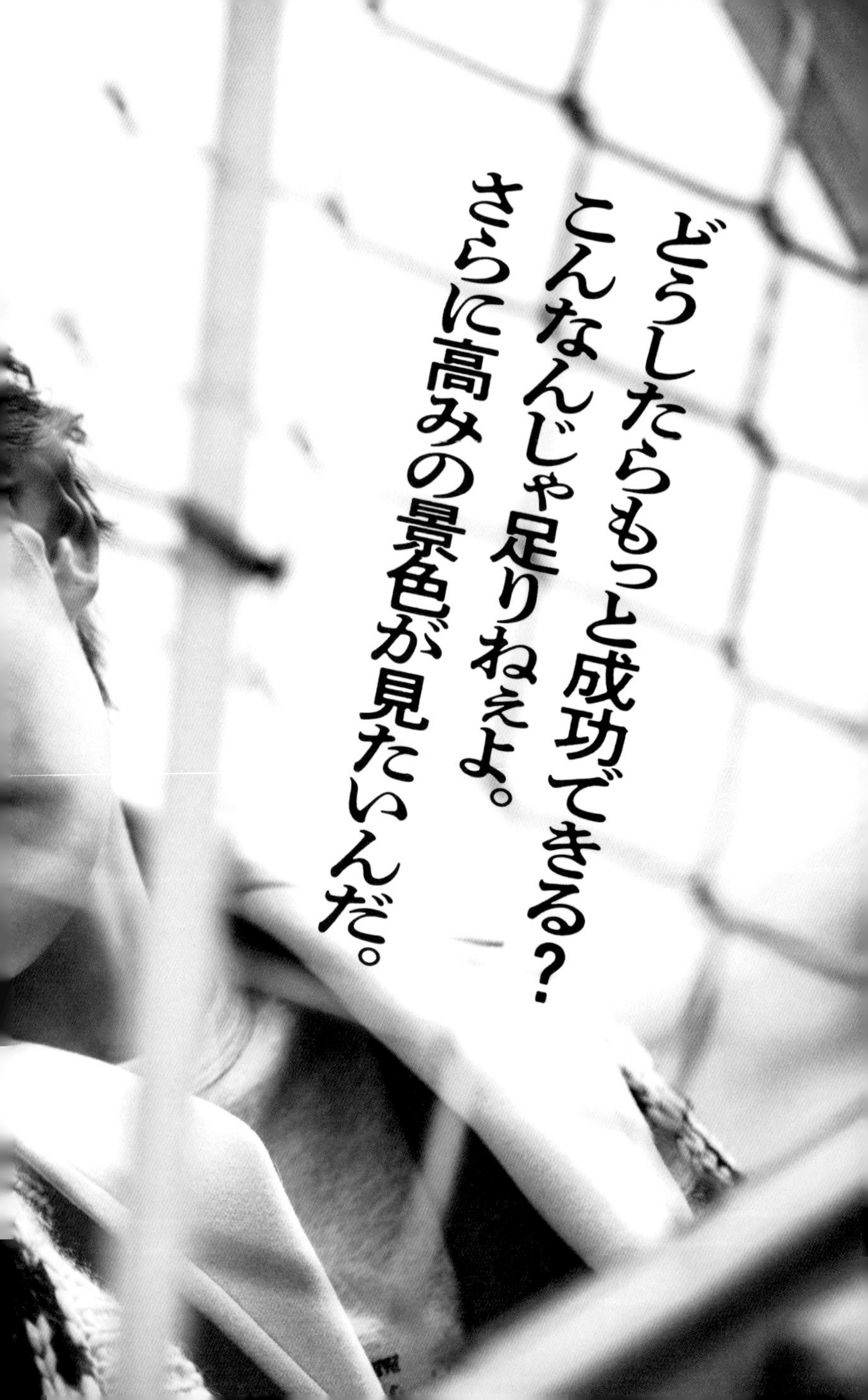

どうしたらもっと成功できる？
こんなんじゃ足りねぇよ。
さらに高みの景色が見たいんだ。

10代の時、俺は金持ちになりたいと思った。

成功してやる。

いや、

「大成功できなければ死んだってかまわない」

本気でそう思ったんだ。

最初の欲望は「お金」だった。

漠然とした成功、それはイコールお金だった。

18歳で初めて会社をつくった。
寝食も遊びも忘れて仕事に没頭した。
友達はそんな俺を見て笑ったけど、まったく気にならなかった。

関係ないヤツらの言葉に耳を貸す必要なんかない。
そいつらの言うことを聞けば成功できるのか？
困ったときに助けてくれるのか？
お金持ちになれるのか？
逆に俺は不思議で仕方がなかった。

目の前に一獲千金のチャンスがあるのに、
なぜ、みんなやらないんだろうって。

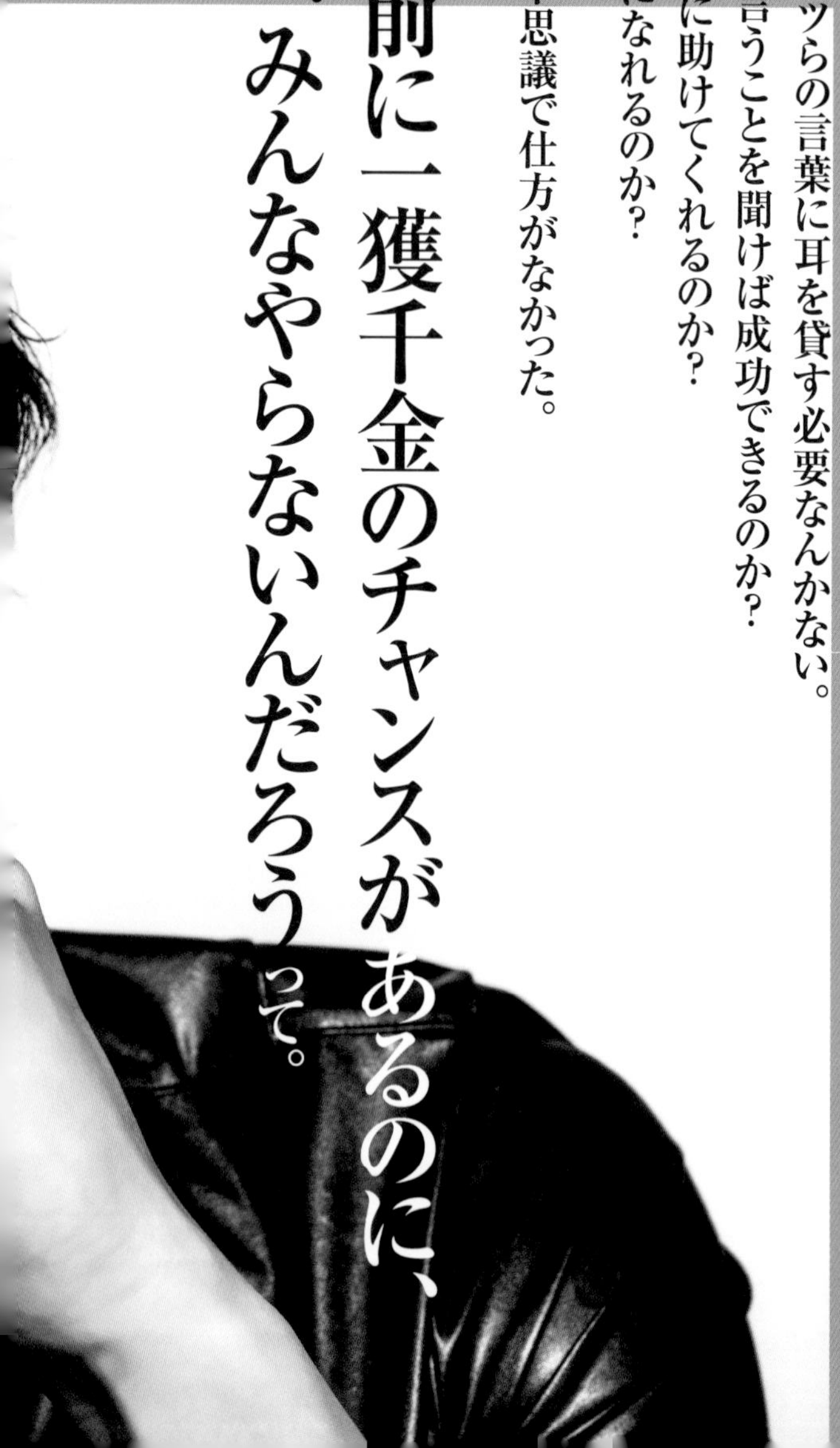

20歳になる頃、3億円を手にしていた。
20代半ばで年商１３０億円の会社の社長になった。
経営者って最高だよ、未来を自分でつくれるんだから。
自分の腕一つで巨万の富を築ける。
家族や仲間の人生も変えられる。

一度きりの人生だろ？
死ぬ気で成功をつかめ。

そんなところで満足している暇はない。

やるか、やらないか。

「どうすればお金持ちになれますか？」

みんなが俺に聞いてくる。

ぶっちゃけ、お金を稼ぐのなんて簡単だ。

俺とほかのヤツらの差は、ただ一つ。

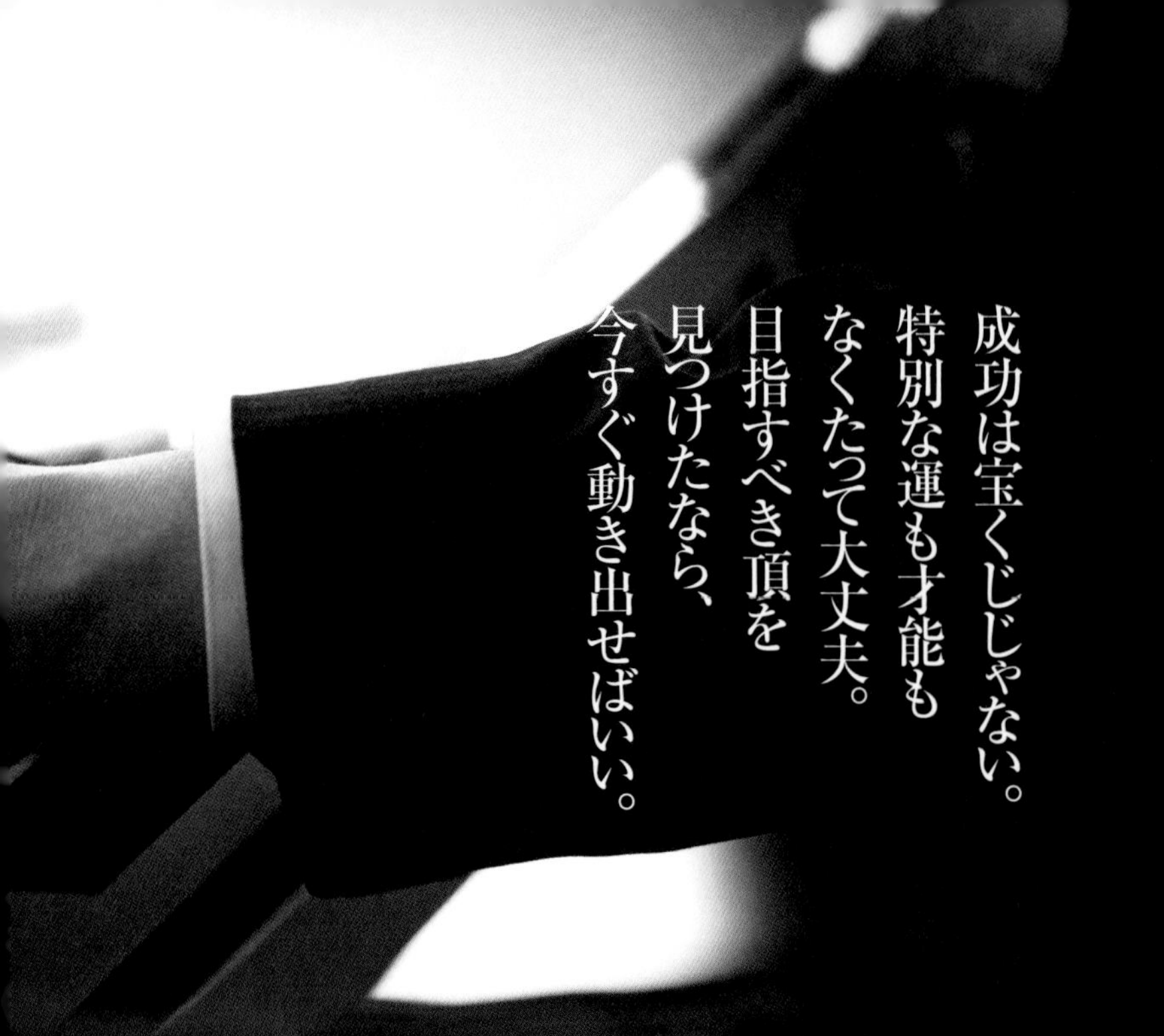

成功は宝くじじゃない。
特別な運も才能も
なくたって大丈夫。
目指すべき頂を
見つけたなら、
今すぐ動き出せばいい。

奇跡は、行動するから起きる。

お金を稼ぐって、要するに〝領地の取り合い〟。
「競合より優れている武器を何個つくれるか？」
それだけに集中すればいい。

あくまで、客観的に。
自分が置かれた状況や自分の能力、手持ちの武器、
事実だけを、徹底的に突き詰めろ。
そこにヌルい願望や憶測が入る余地はない。

お金を稼ぐなら人と違うことをやる。
人と違う行動を積み重ねる。
同じことをやっていても、人と差はつかない。
例えば10万円あったら、100冊本を買う。
人の経験を買ってると考えれば、こんなに安い買い物はない。
俺自身、最初の成功は1冊の本との出会いからだった。

自分への投資は、
自分の資産になる。

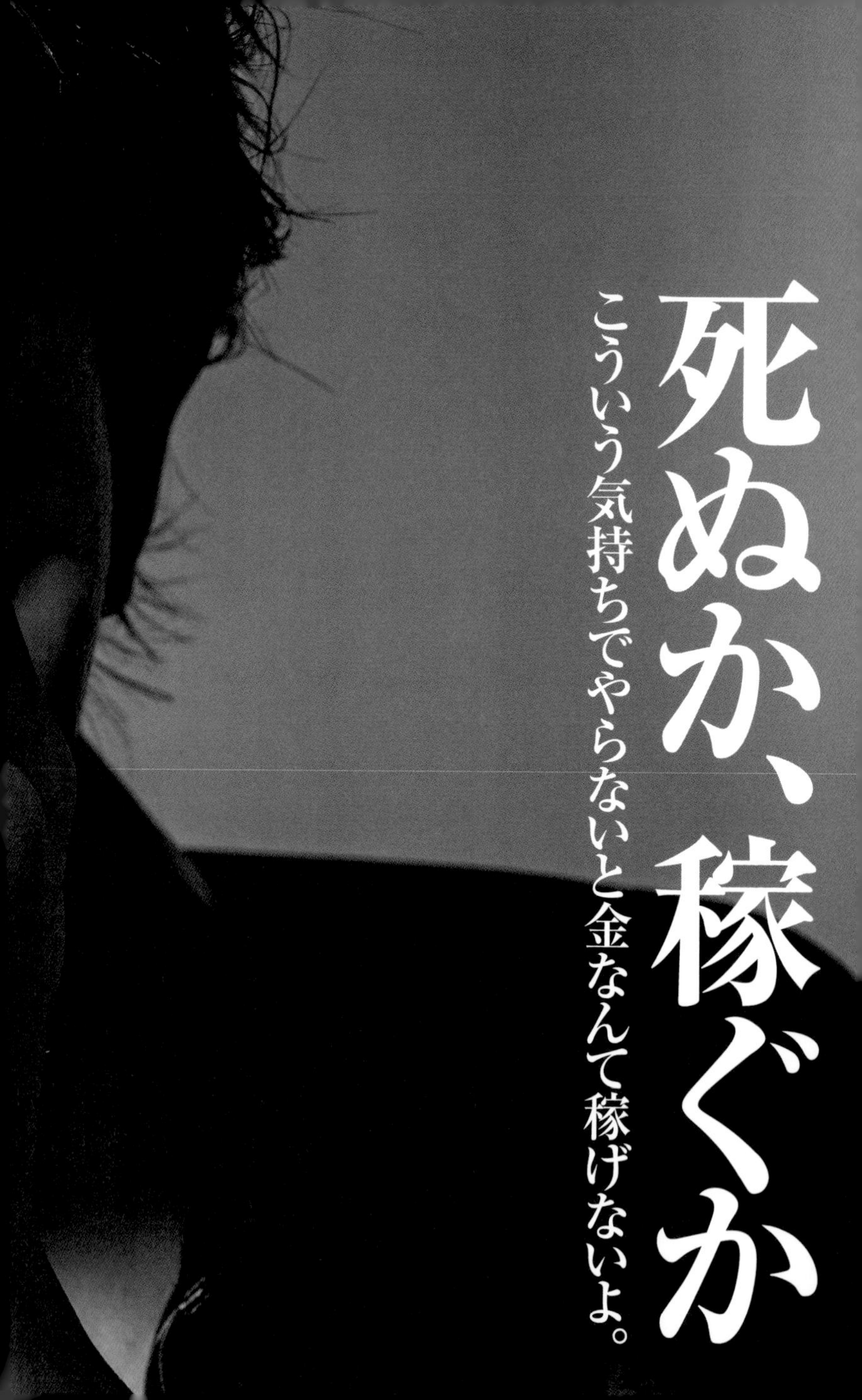

死ぬか、稼ぐか

こういう気持ちでやらないと金なんて稼げないよ。

日本は成功しやすい国。

世界中を見渡しても、
こんなに簡単に成功できる国はない。
なぜかって？
それは多くの人が成功できないって
思い込んでいるから。
教えられてる。
横並びでみんなと同じが正解だって
だから人と違う行動をするだけで
ライバルと差別化できる。
ホント、簡単過ぎる。

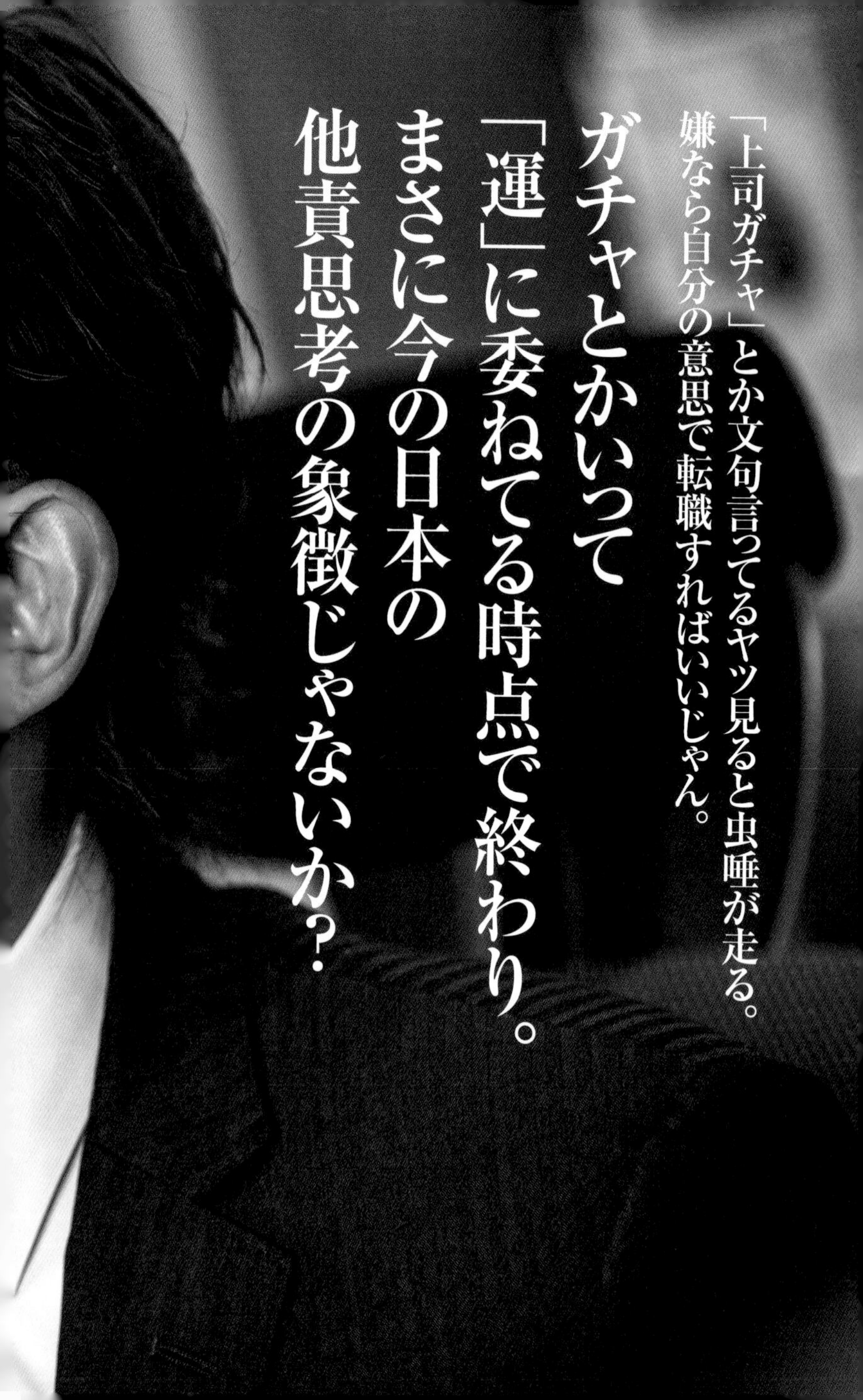

「上司ガチャ」とか文句言ってるヤツ見ると虫唾が走る。
嫌なら自分の意思で転職すればいいじゃん。

ガチャとかいって
「運」に委ねてる時点で終わり。
まさに今の日本の
他責思考の象徴じゃないか？

人生のなかで、
自分で決められないのは親だけ。
あとは自分の選択一つで
未来は変えられる。

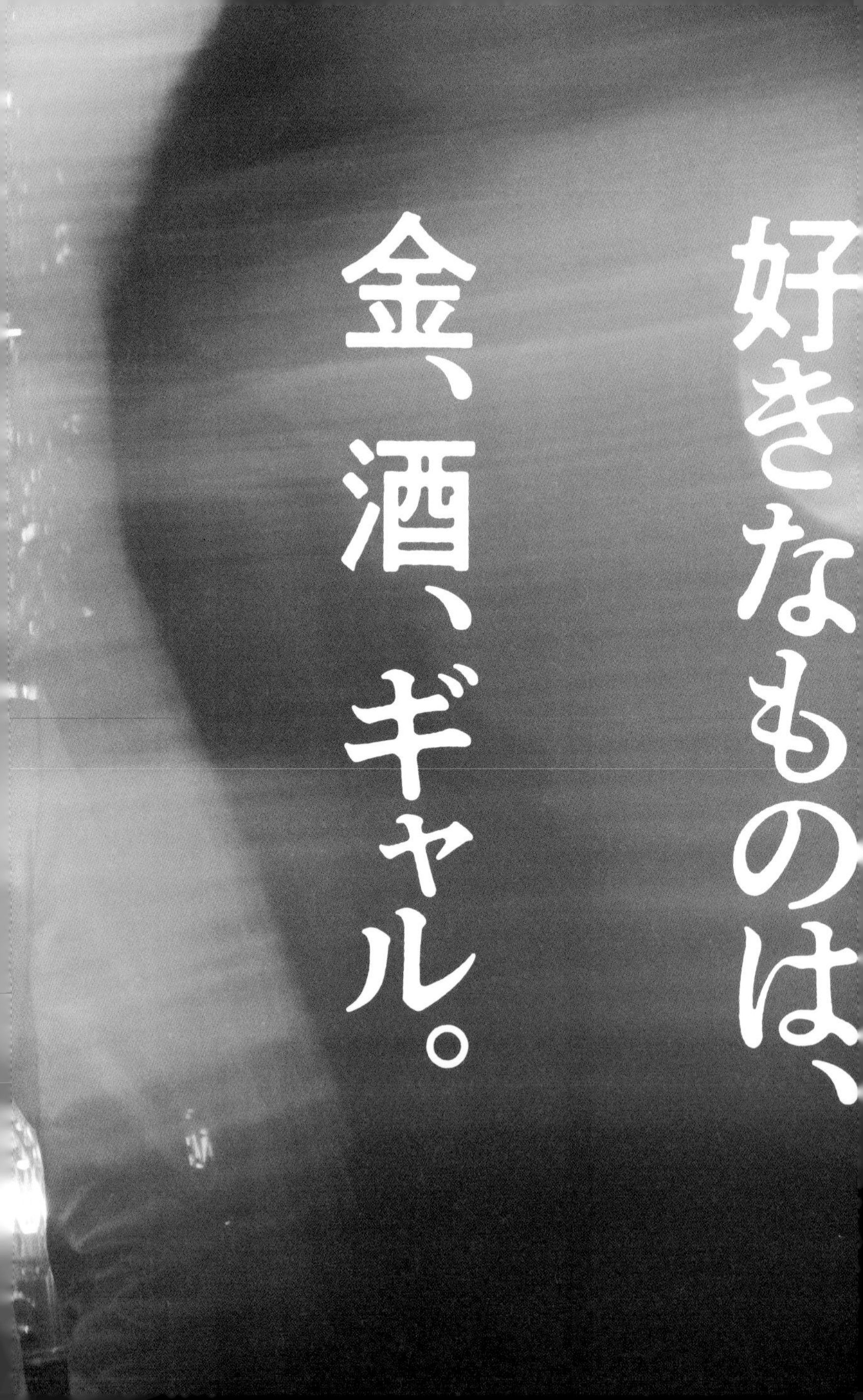
好きなものは、
金、酒、ギャル。

——あれが欲しい。ああなりたい。
誰だってふとした瞬間に
そう思うはずだ。

俺はその欲望を全肯定する。

人を
動かすのは、
いつだって
欲望だ。

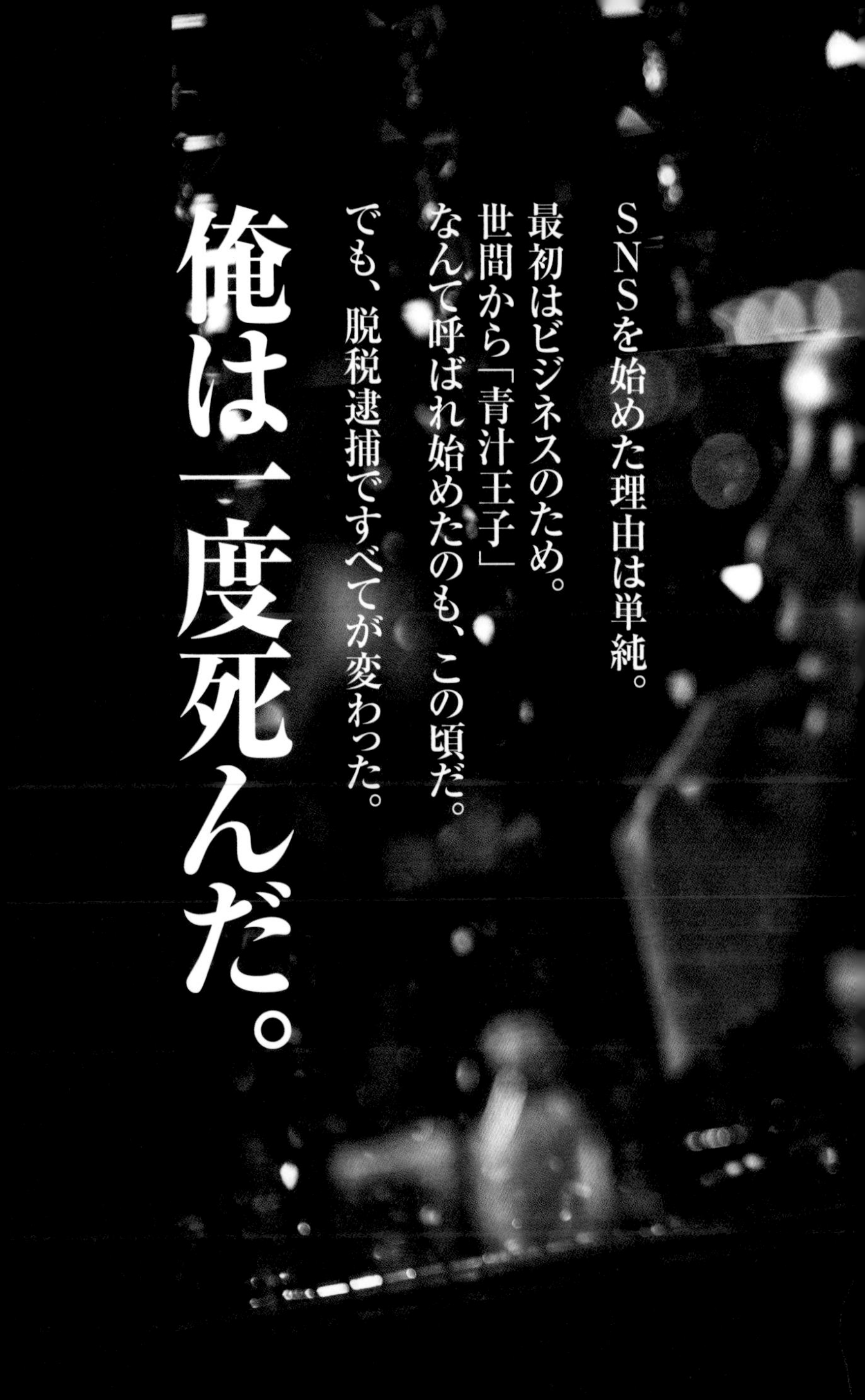

SNSを始めた理由は単純。
最初はビジネスのため。
世間から「青汁王子」
なんて呼ばれ始めたのも、この頃だ。
でも、脱税逮捕ですべてが変わった。

俺は一度死んだんだ。

有罪判決が下ったとき、決めたことがある。

「贖罪のために、
脱税したとされた1億8000万円を
世の中にばらまいてやろう。
それもただ配るだけじゃだめだ。
100万円を180人に配るんだ。
俺という人間を信じてもらえるなら死んでもいい」

そう、俺は命を懸けてインフルエンサーになったんだ。

影響力のある人間になれ！

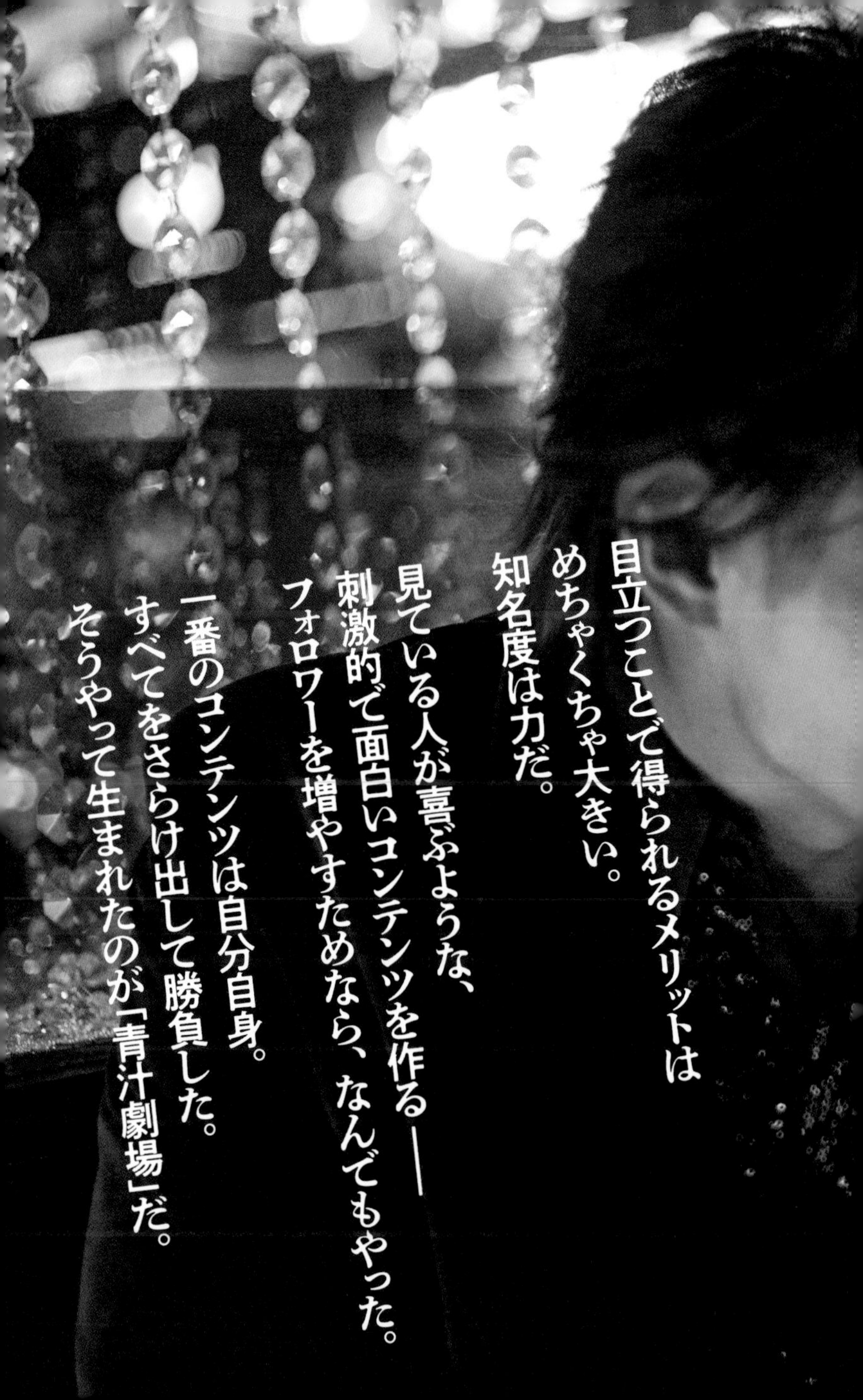

目立つことで得られるメリットは
めちゃくちゃ大きい。
知名度は力だ。

見ている人が喜ぶような、
刺激的で面白いコンテンツを作る――
フォロワーを増やすためなら、なんでもやった。

一番のコンテンツは自分自身。
すべてをさらけ出して勝負した。
そうやって生まれたのが「青汁劇場」だ。

俺の稼いだ金が
みんなのためになってると思うとうれしい。

誰かのために
使うお金は、
いつか自分に
返ってくる。

10年前、
俺はまったく売れない
V系バンドをやっていた。
あれから時が経ち、
金を稼いで、
儲け過ぎて捕まってさ、
今はそれをバネにして
インフルエンサーやってるよ。
人生って面白いよな。

今なら胸を張って言える。

「問題児でいいんだ」

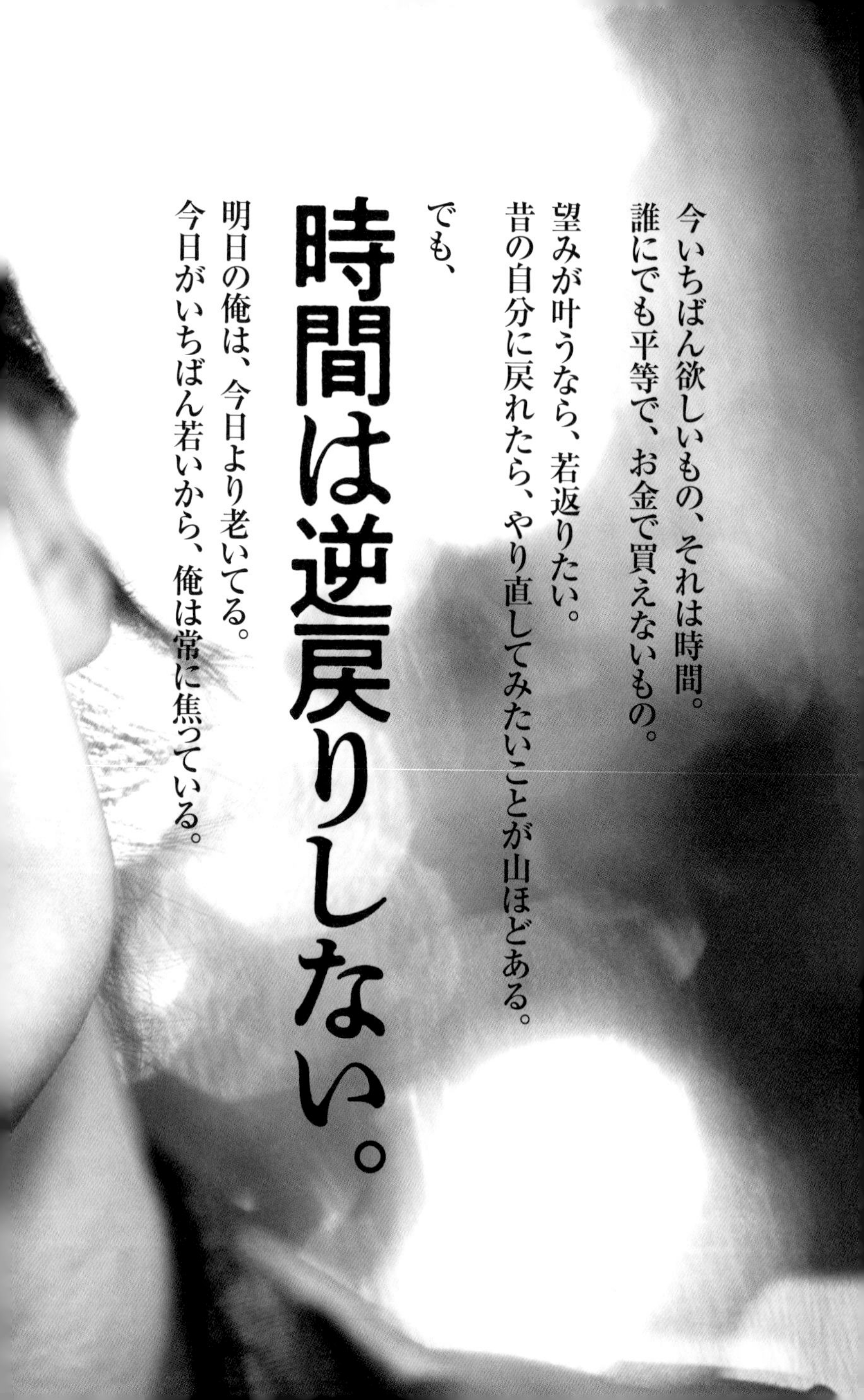

今いちばん欲しいもの、それは時間。
誰にでも平等で、お金で買えないもの。
望みが叶うなら、若返りたい。
昔の自分に戻れたら、やり直してみたいことが山ほどある。

でも、

時間は逆戻りしない。

明日の俺は、今日より老いてる。
今日がいちばん若いから、俺は常に焦っている。

常識と世間体を捨てれば、笑えるほどの成功が降ってくる。

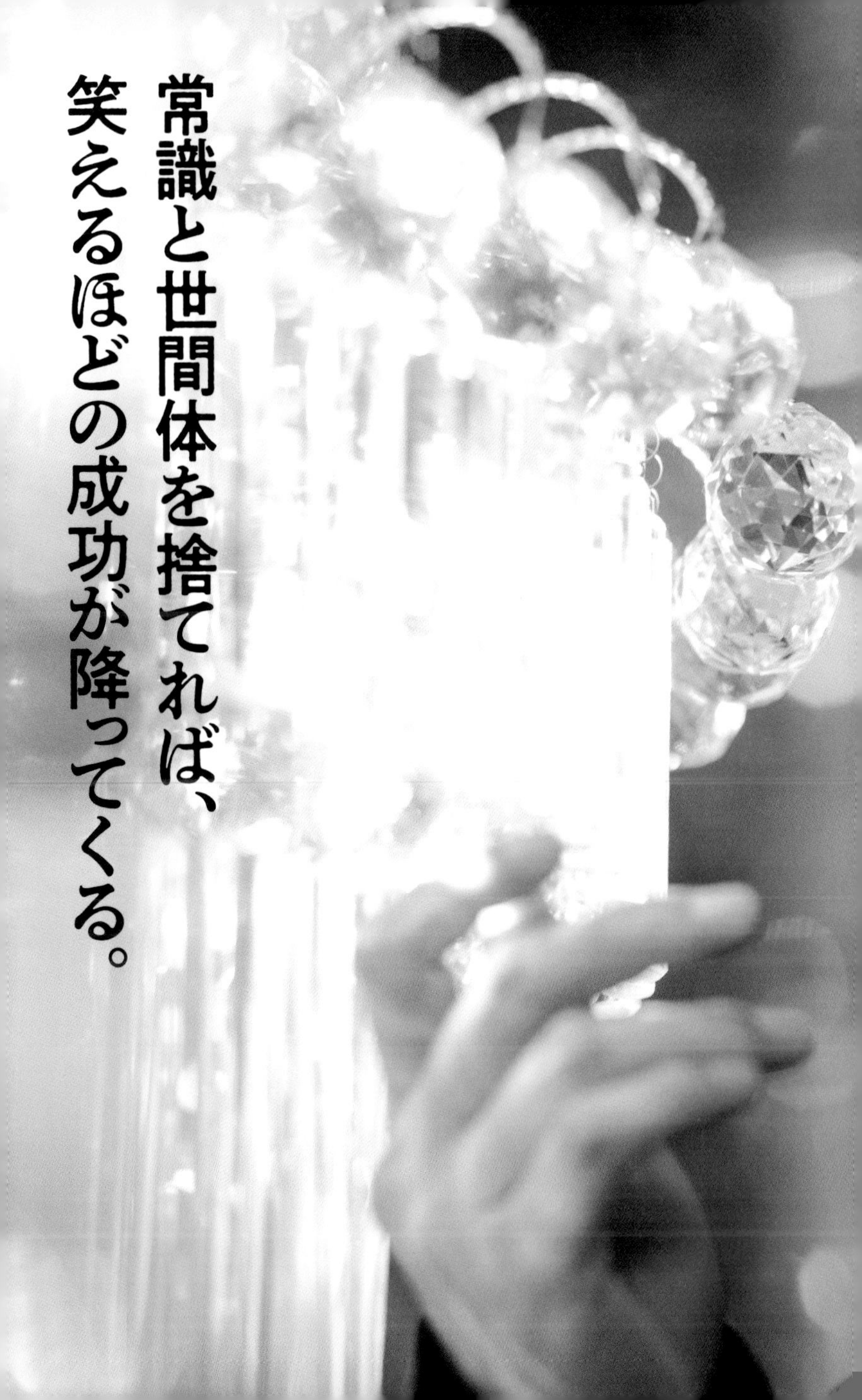

お金、名誉、高級品、華やかな交友関係。
多くの人が憧れてやまないものを、
俺はすべて手に入れた。

成功すれば、周囲も自然に変わっていく。
付き合う人も、遊ぶ場所も。

新たに築いた交友関係によって、
さらに経験や人脈が広がっていく。

人生って一回しかないんだぜ？
どんなにお金持ちになっても、
時間は買えない。

俺が欲しいのは
みんなからの愛だけ。
俺がみんなに与えたいのも
愛だけ。

どこにも
居場所がなければ、
死に物狂いで
自分の居場所を
つくれ。

脱税事件で突きつけられたのは、
残酷な現実。
俺は無力だった。
理不尽な社会が憎かった。
冷たく掌《てのひら》を返した世間が恨めしかった。

自分の言葉を
世の中に聞いてもらうための手段を、
俺は心の底から欲した。
そして手に入れたのが、SNSという居場所だ。

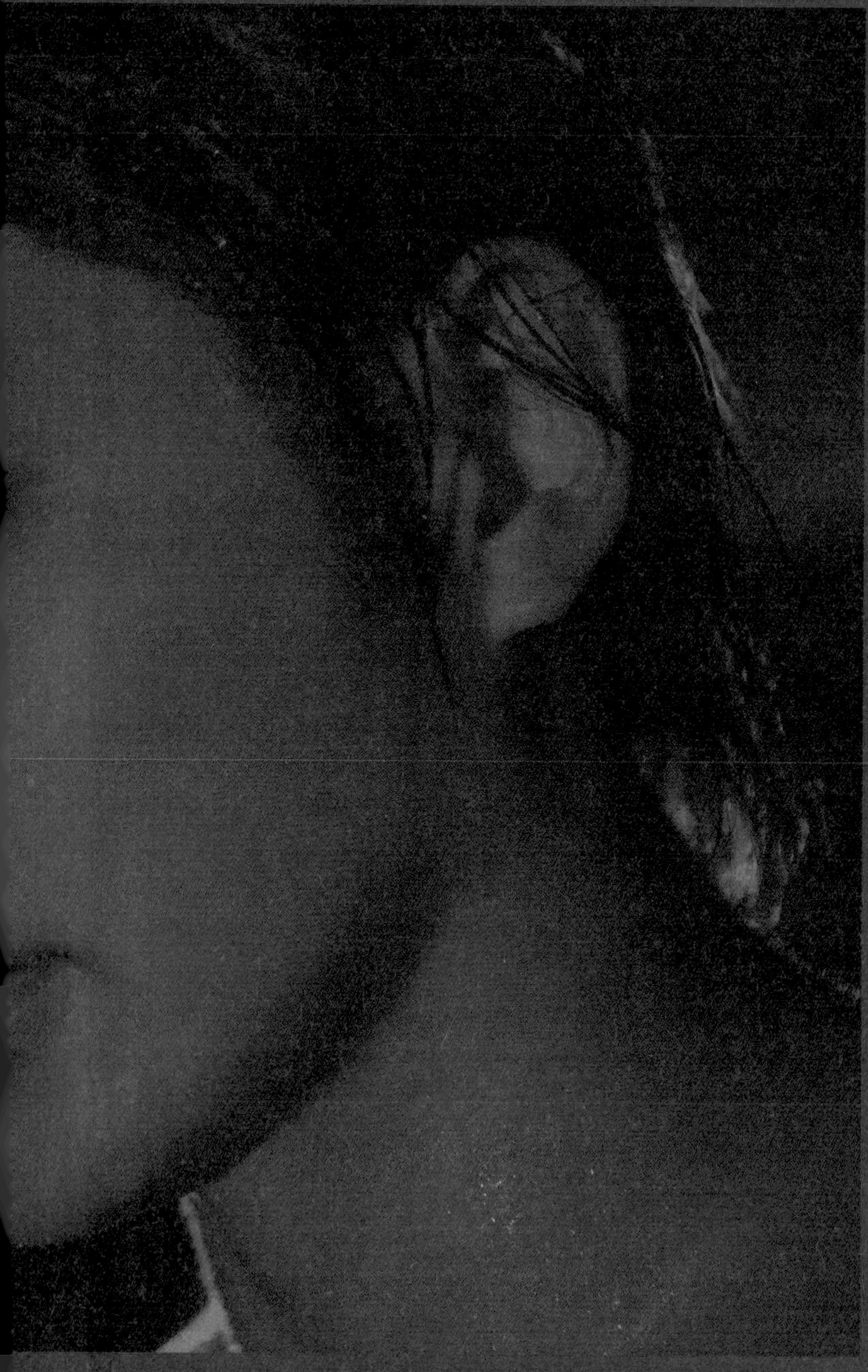

周りの目なんて
ドブに捨てちまえ。

やりたいこともやれない人生なんかに
なんの価値もない。

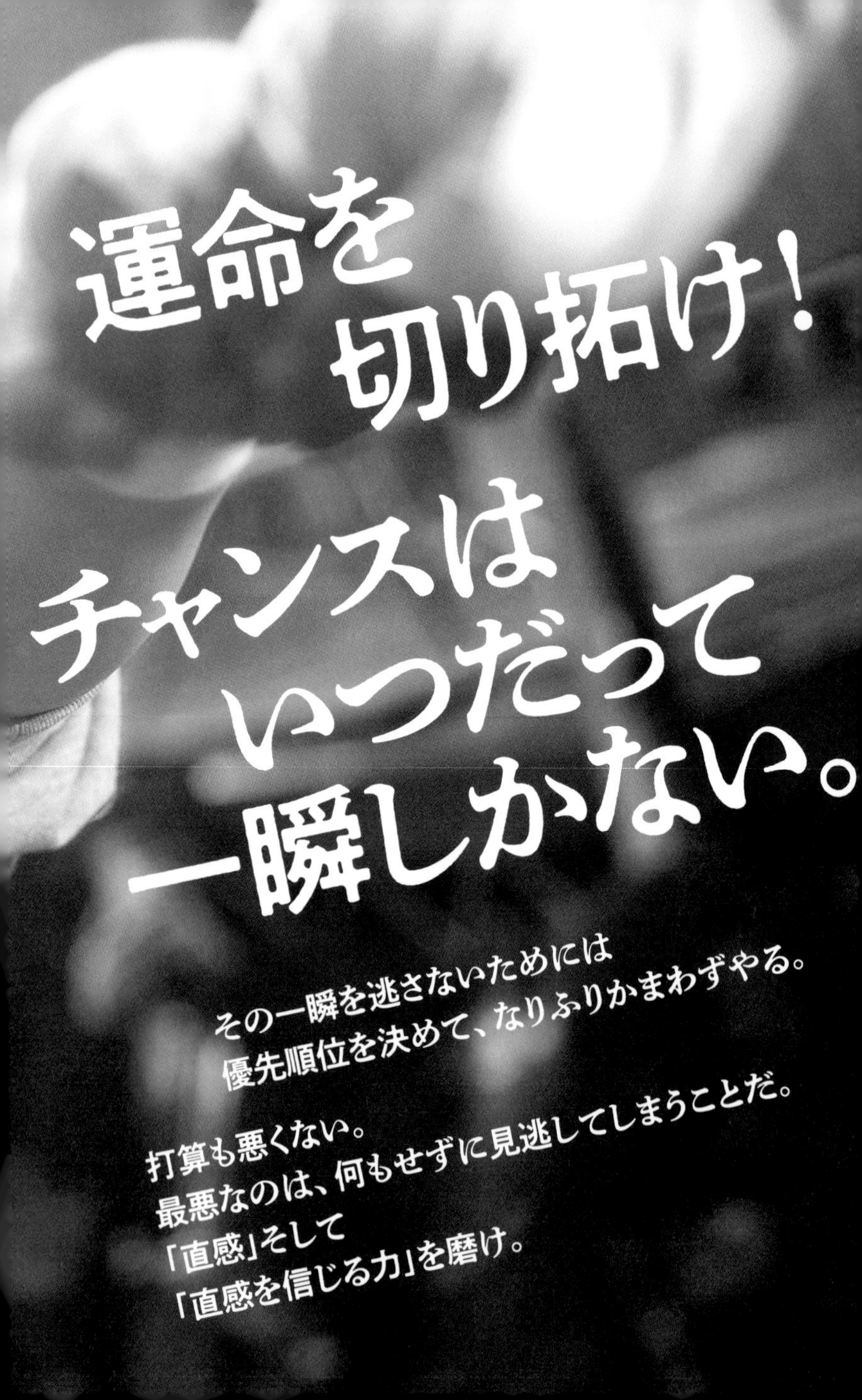

運命を切り拓け！

チャンスはいつだって一瞬しかない。

その一瞬を逃さないためには
優先順位を決めて、なりふりかまわずやる。

打算も悪くない。
最悪なのは、何もせずに見逃してしまうことだ。
「直感」そして
「直感を信じる力」を磨け。

「モチベーション」とか言ってる時点で
成功なんてするわけない。

起きて歯を磨くように、
風呂に入るように、息を吐くように

毎日、
叶えたい夢について
考えて苦悩しないと

成功するわけがない。

SINCE 1937
Winning

没頭、熱中、集中。

成功したいなら、すべてを懸けて熱狂しろ！
――そうすれば、気づいたときには成功しているはずだ。

新しいことに挑戦して、
過酷な状況に自分を追い込め。

俺はいつも
ヒリついていたい。

どんなにボロボロになろうが、
最後まで諦めなければ、
いつか夢は叶う。

失敗しても、
成功するまで
やり続けるだけだ。

俺は今まで何かを諦めたことがない。

成功するまでやり続ければ、途中の失敗は失敗じゃなくなる。

これが、成功するための、たった一つの秘訣だ。

若いって最強だ！
何回でも失敗できるじゃん。
未来のことなんて考えなくていい。
人間いつ死ぬか分からないんだぜ？

今日という日を
一生懸命生きろよ。

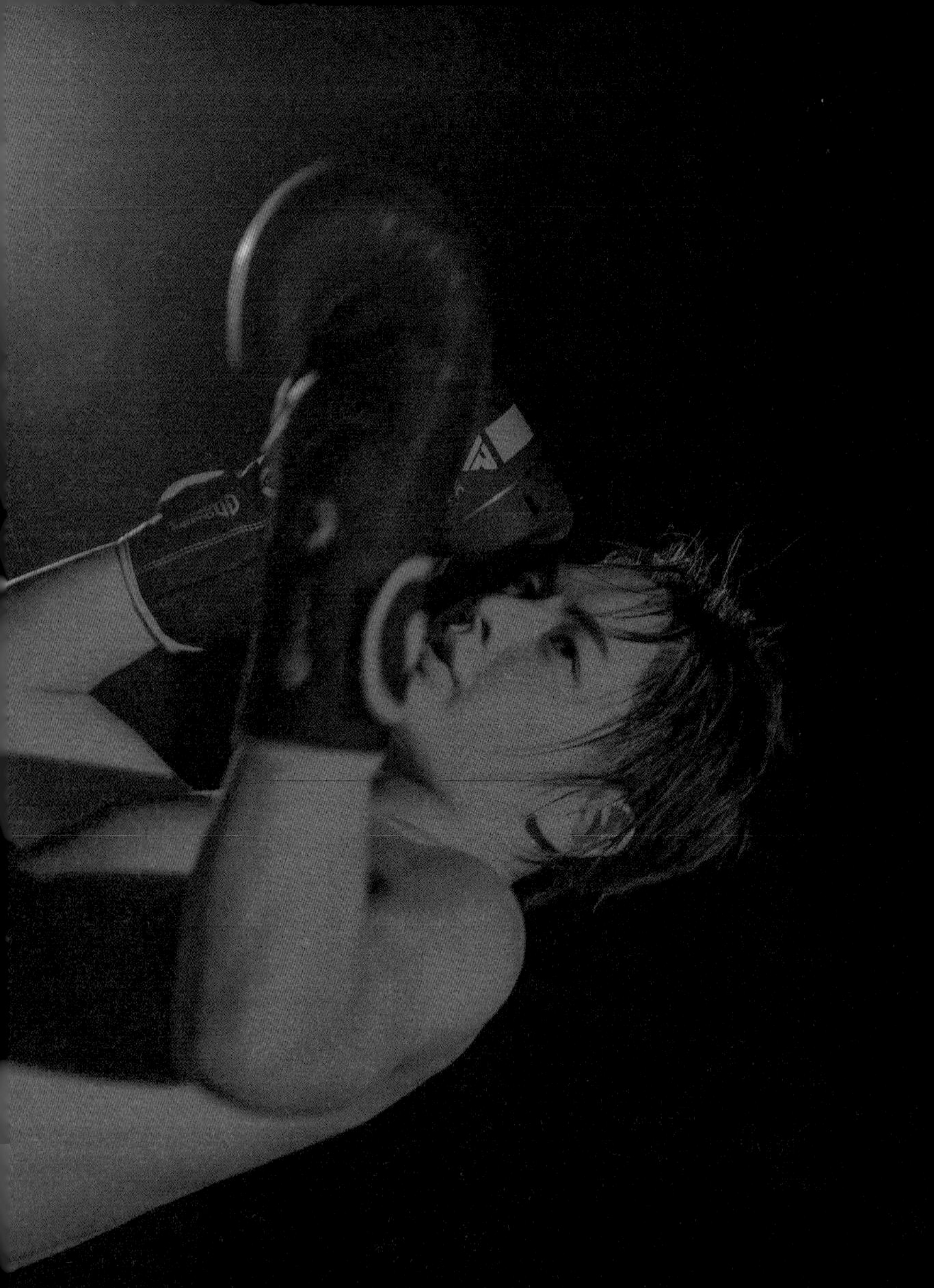

んかない。

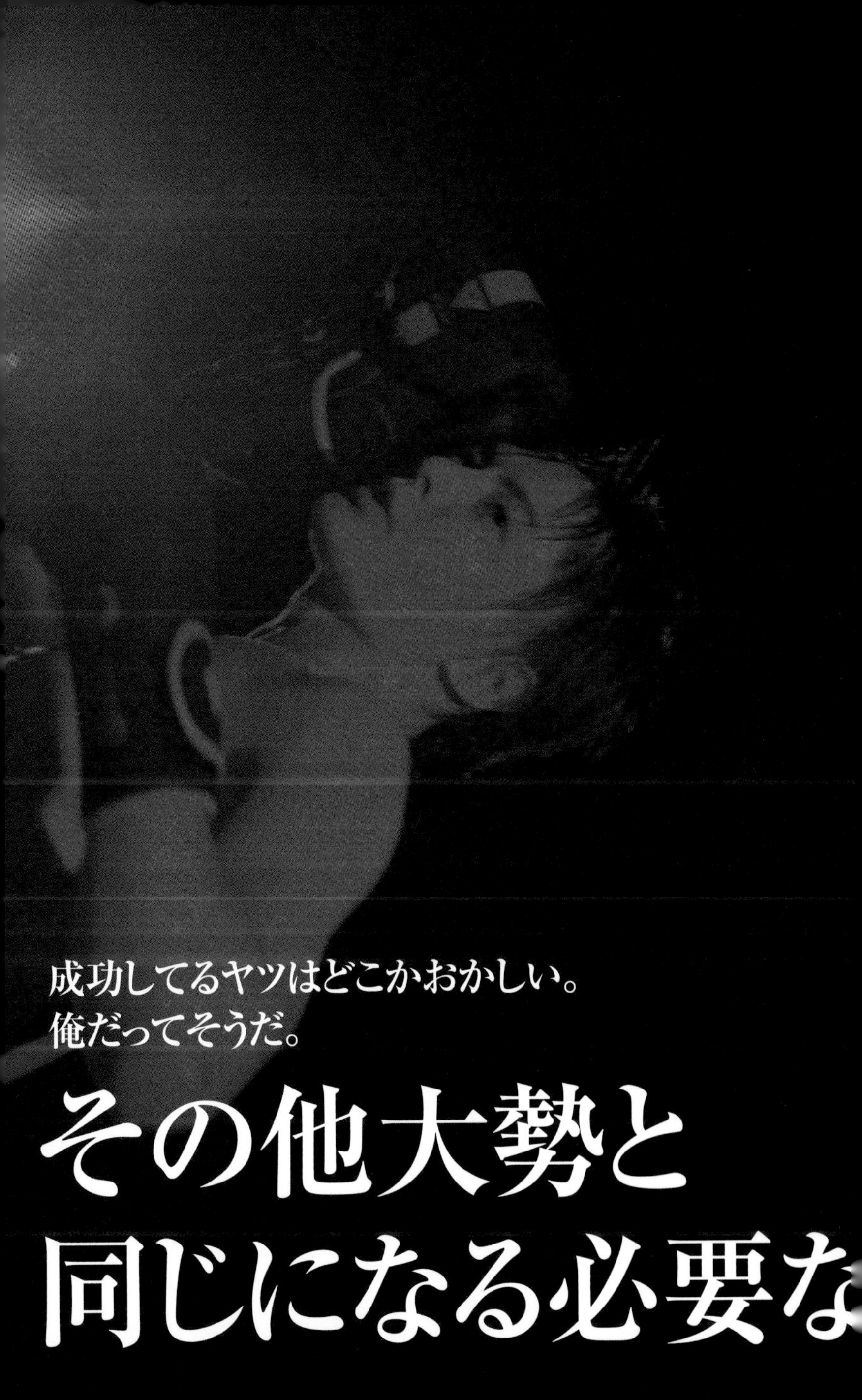

成功してるヤツはどこかおかしい。
俺だってそうだ。

その他大勢と同じになる必要な

RDX
RDX

金は簡単に稼げる。
いつも言ってるように、これは本当だ。

でも勘違いしないでほしい。
「簡単」は「楽して」と同じ意味じゃない。

一生懸命努力して、一生懸命働くっていう当たり前のことを当たり前にやる。

そんなの誰にでもできるって思うだろ？
ところが99％の人は、
最初の段階で無理だと諦めてしまう。

勝てるのは、勝負に出たヤツだけなんだ。

俺は考える人間じゃない。
やる人間だ。

RDX INC

もっともっともっと
もっともっともっと
もっともっともっと
もっともっともっと
もっともっともっと
もっともっともっと
もっともっともっと
功をつかみたい！

もっともっともっと
もっともっともっと
もっともっともっと
もっともっともっと
もっともっともっと
もっともっともっと
もっともっともっと
もっと圧倒的な成

ピンチは決してマイナスじゃない。
プラスなんだ。

「ピンチはチャンス」は正しい。

金なんて実業でいくらでも稼げる。
でも感動は金じゃ買えない。

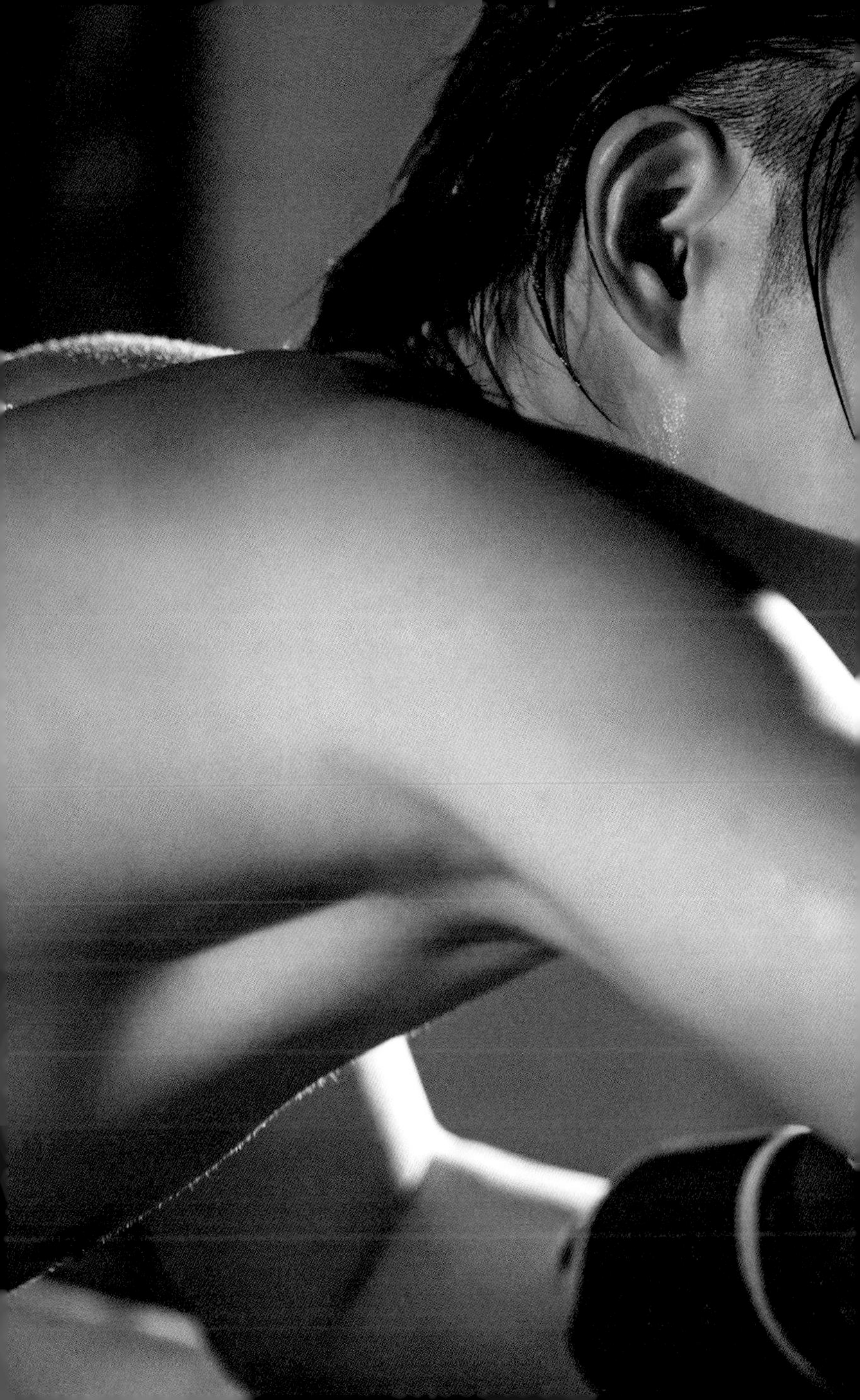

文句言ってる暇なんてないだろ。

社会に文句を言う前に、自分の行動を変えなよ。

挑戦することを笑うヤツもいる。
そんなのいっさい気にする必要ない。
その卑しい笑顔を横目に圧倒的に努力すれば、
数年後にはヤツらと天と地ほどの差が開いてる。
見える景色そのものが変わるんだ。

怒り——。

俺を圧倒的に駆り立てるもの。

怒りをエネルギーに変えろ!

思い返せば、俺は10代の頃から怒っていた。
理解してくれない他人。
理不尽な大人たち。
何も持たない自分。
自分が何者かすら分からない苛立ち。
とにかく世の中すべてに怒っていた気がする。

家が金持ちだったわけじゃない。
中学もろくにいかず、高校は2回も退学した。
アルバイトの面接すら受からないぐらいの社会不適合者、それが俺だ。
「変わり者、落ちこぼれ、社会不適合者」
あの頃の俺はコンプレックスの塊だった。
なんで学校になじめないんだろう？
なぜ、ほかの人と同じように生きられないのか？
自分とみんなは、どうしてこんなにも感覚が違うんだろう……。
あの頃は、他人との違いが武器になるなんて気づきもしなかった。
よく、自分の無力さに怒りが込み上げてきたものだ。
その怒りが、圧倒的な努力のガソリンになった。

やるか、やらないか。

死ぬか、稼ぐか。

目的だけを見据えろ。

なんか気にするな。

"その他大勢"の目

ネガティブな
感情も経験も
すべてが
活力になる。

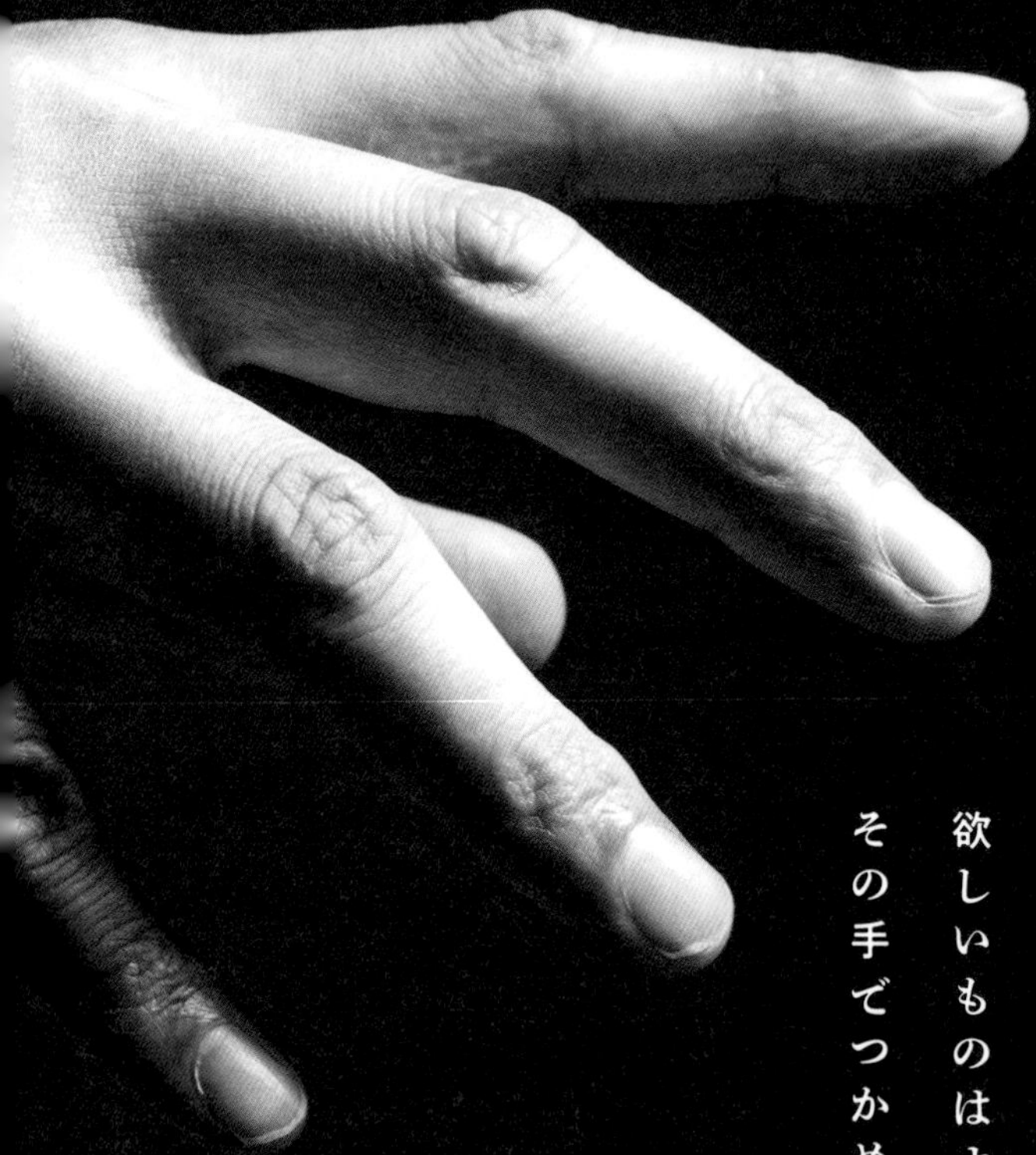

欲しいものはすべて、
その手でつかめ。

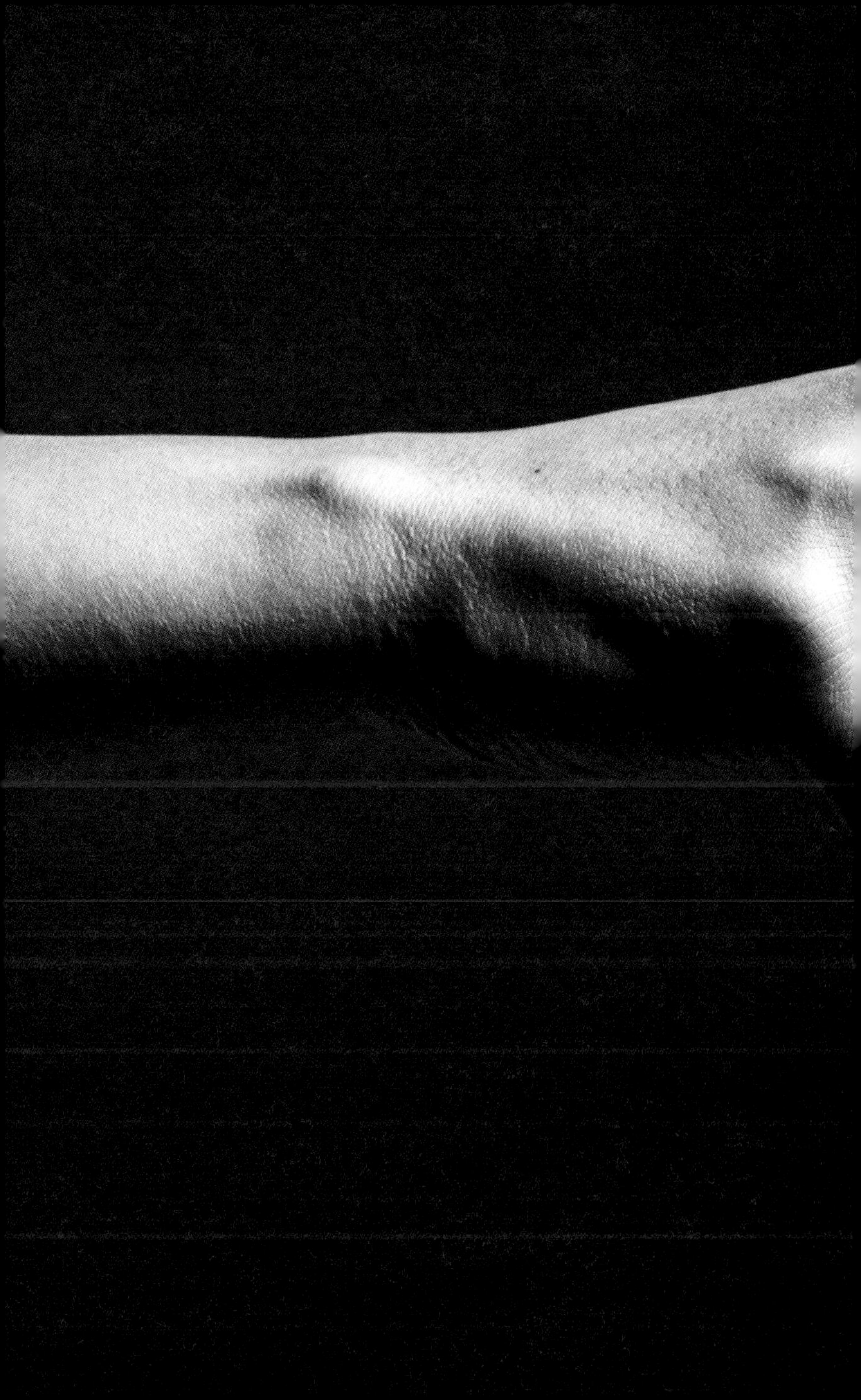

何事も、最速で。

一度きりの人生だ、
命を燃やせ。

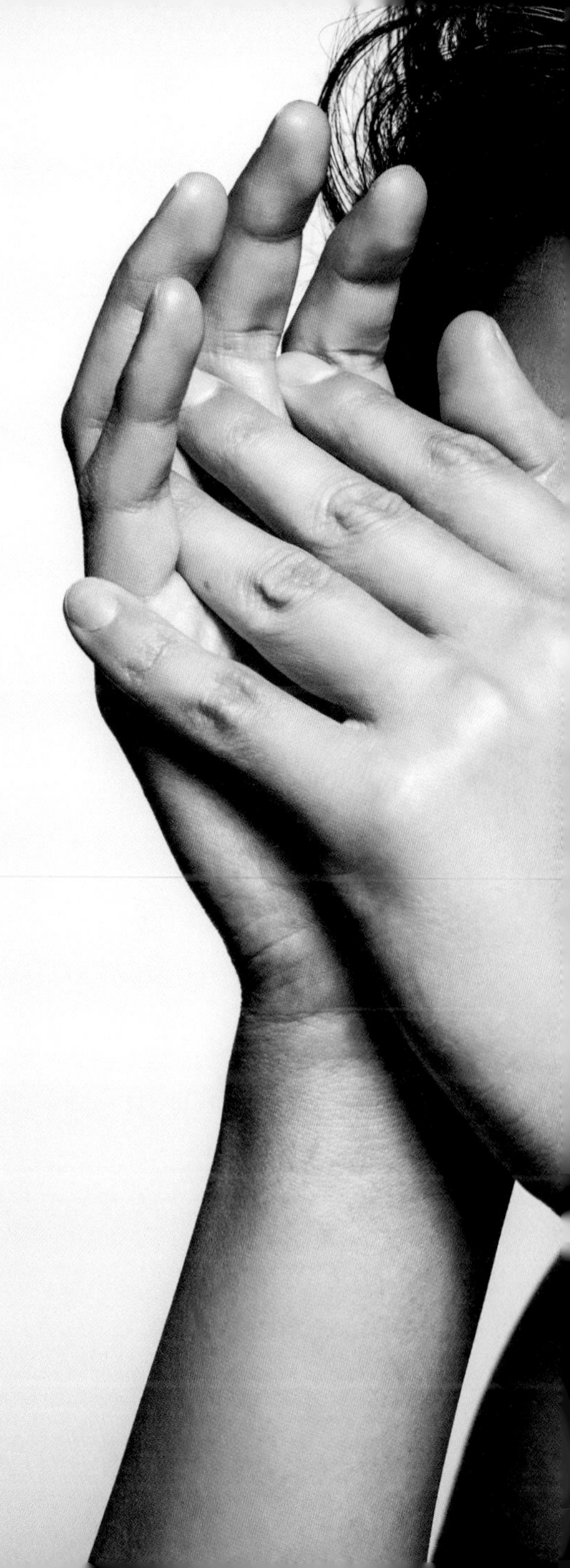

金は、
稼ぐほど
なくなっていく。

誰かが言っていた。
「人生は、死ぬときに
ちょうどお金がゼロになるくらいが
幸せだ」
俺もそう思う。
どんなに稼いだって、
天国までお金を
持っては行けないから。

お金は使ってこそ価値がある。

どれだけ貯め込んでも、
持ってるだけじゃ意味がない。
貯蓄されただけの金は
腐っていくだけだ。

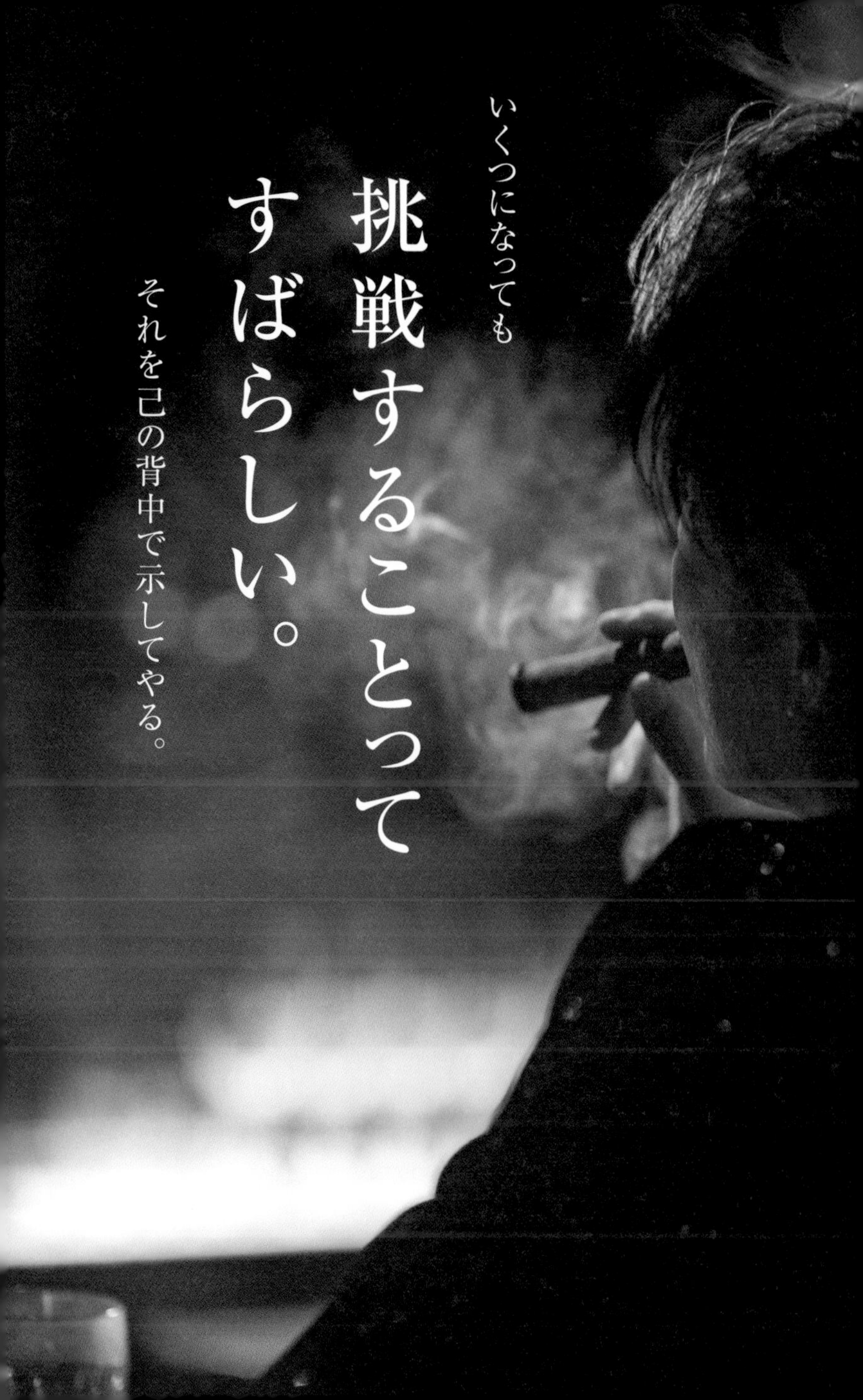

いくつになっても
挑戦することって
すばらしい。
それを己の背中で示してやる。

お金持ちになることが目標じゃないんだ。
目指すべきは
「幸せなお金持ち」だね。

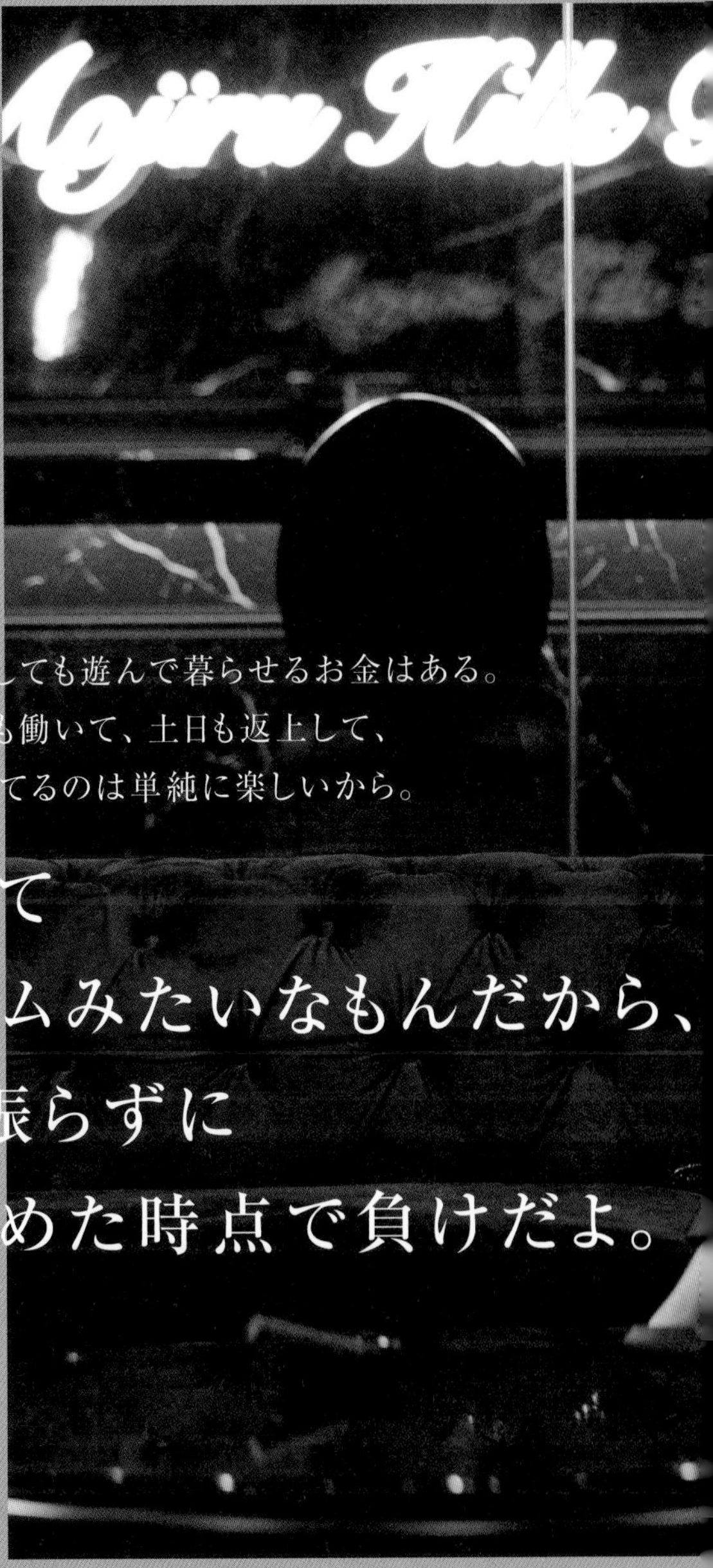

正直、人生100周しても遊んで暮らせるお金はある。
それでも毎日誰よりも働いて、土日も返上して、
YouTubeとかやってるのは単純に楽しいから。

人生なんて
人生ゲームみたいなもんだから、
サイコロ振らずに
歩みを止めた時点で負けだよ。

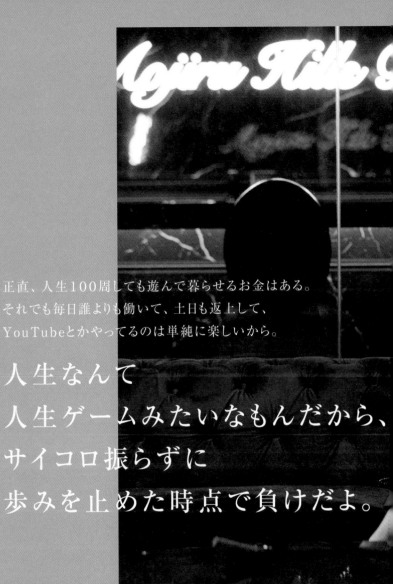

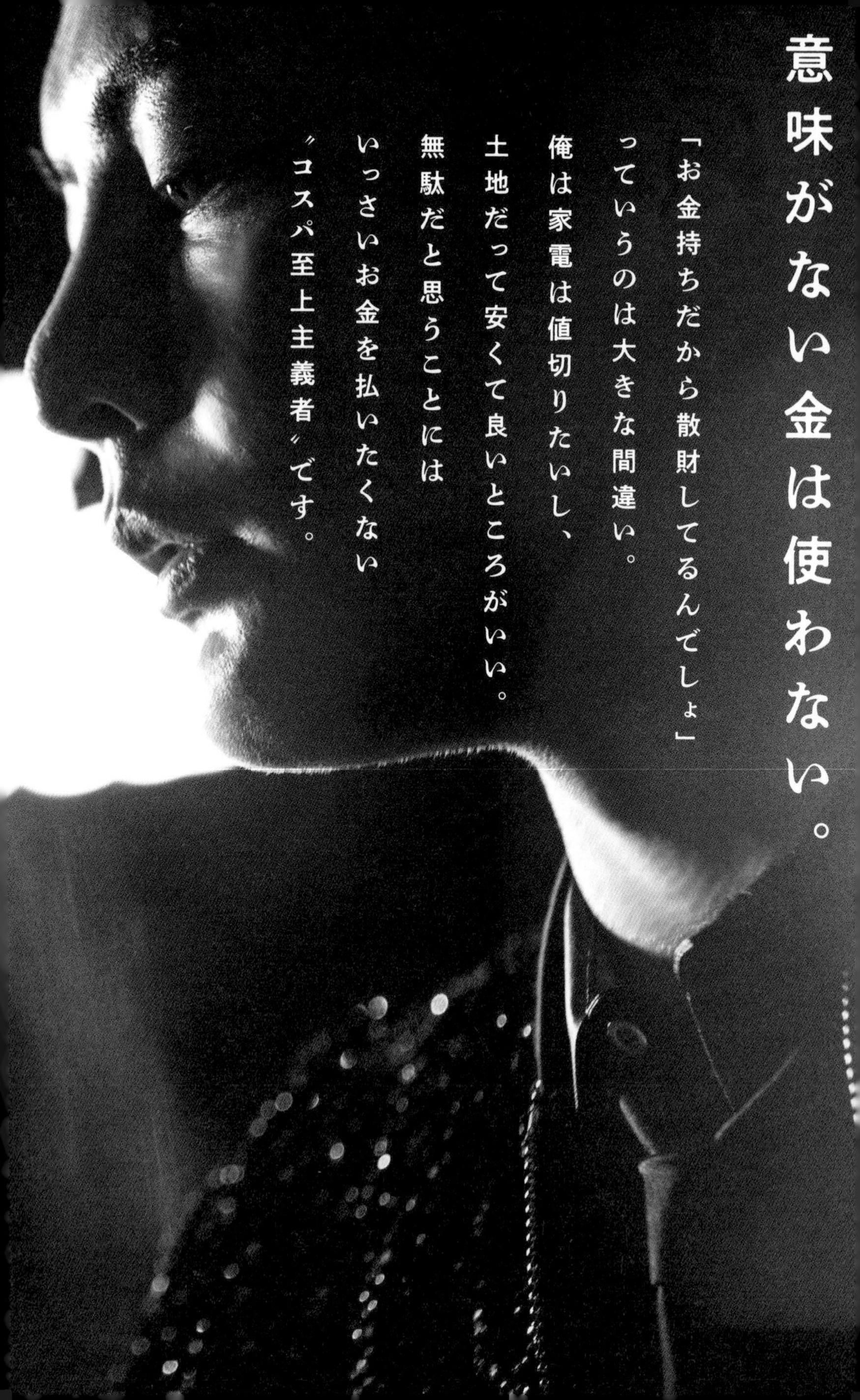

意味がない金は使わない。

「お金持ちだから散財してるんでしょ」
っていうのは大きな間違い。
俺は家電は値切りたいし、
土地だって安くて良いところがいい。
無駄だと思うことには
いっさいお金を払いたくない
〝コスパ至上主義者〟です。

本当に価値があるものには
いくらでも出すけど、
何百億稼いでも、
金銭感覚は
そんなに変わらない。

若い頃はただお金を手にすれば満たされると思っていた。
大金を稼いで、豪奢《ごうしゃ》な生活をする。
そんな漠然とした成功を夢見ていた。
だから俺は起業した。
お金を稼ぐには会社をつくるのが最短距離だと気づいたからだ。

正直、もう一生遊んで暮らせるだけの金を稼いだと思う。
でも今、実際に金を手にして分かったのは、

お金を持つだけでは
たいした意味はないってこと。

お金で得られる「豊かさ」「格好よさ」ってなんだろう?
遊びは楽しいし、
おいしいものを食べれば幸せな気分になる。
女の子にモテるのだって嫌いじゃない。
ブランド品も高級車も欲しいだけ買った。
でも不思議なことに、そんな幸せは長くは続かないんだ。

そしてようやく気づいた、俺にとっての真実。

「お金は目標を達成するための
手段でしかない」

稼いだお金はどんどん使って、
どんどん価値に変えていくんだ。

大切なのは、今、生きている人生のなかで、
どれだけ有意義に使うことができるか。

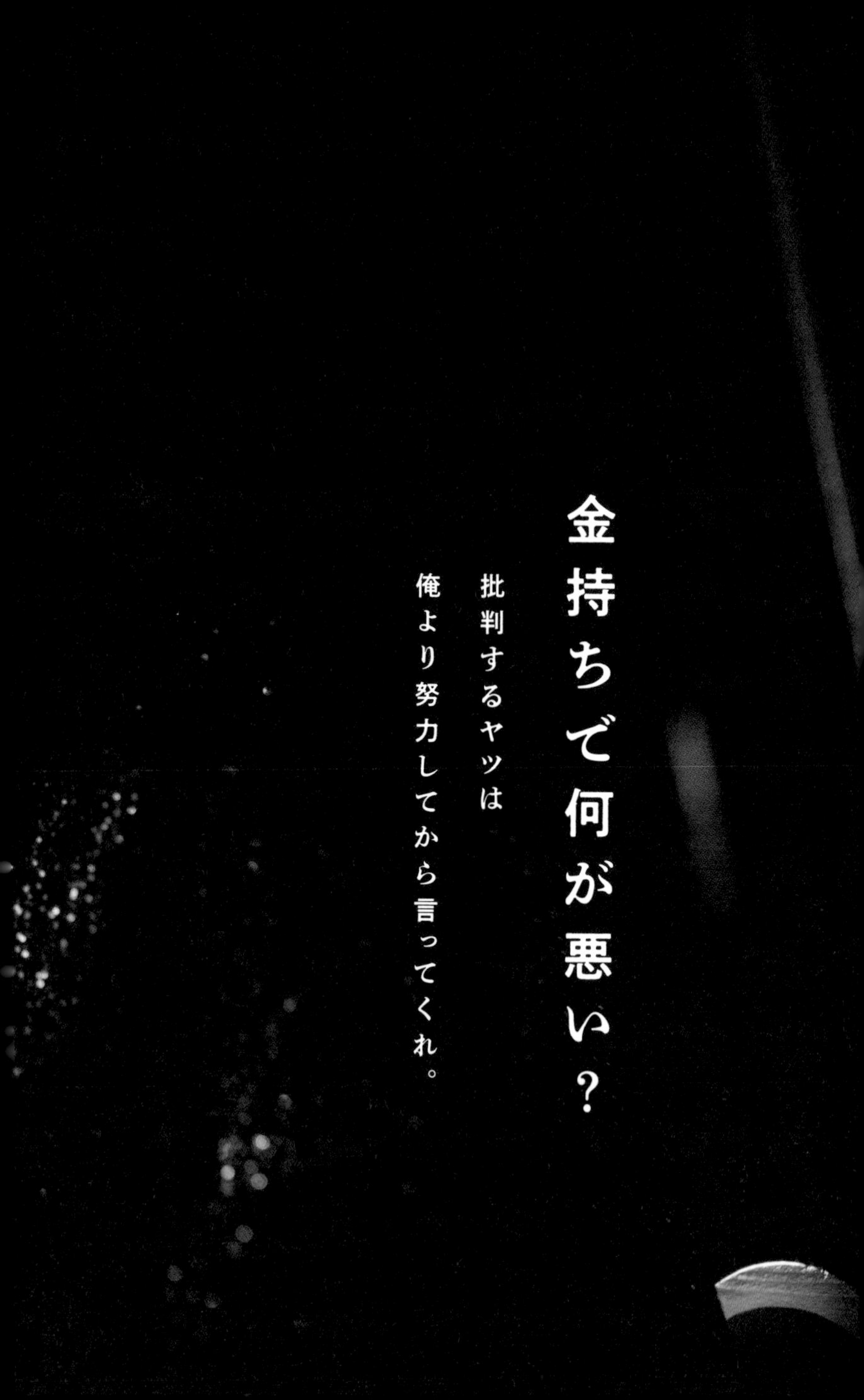

金持ちで何が悪い？

批判するヤツは
俺より努力してから言ってくれ。

「プライドは他人から
与えられるものじゃない」

これだけは絶対譲れない
人生の美意識だ。

プライドを守るためだった
「青汁劇場」と「贖罪寄付」。

人から何を言われてもかまわない。
でも、自分にだけは嘘はつけないよね。

自分の内面について語るのは苦手だ。
自分自身に興味なんかない。
「あなたはどんな人なの？」と聞かれても、
答えは「分からない」。
もっと正直に言えば「どうでもいい」。
「なんで自分に興味がないの？」と聞かれても、
「なんにも考えてないから」と言うしかない。

他人に期待するな。

だって世の中は
不条理なんだから。

俺が信じるのは自分だけ。
他人を信頼はするけど、
信用はしない。

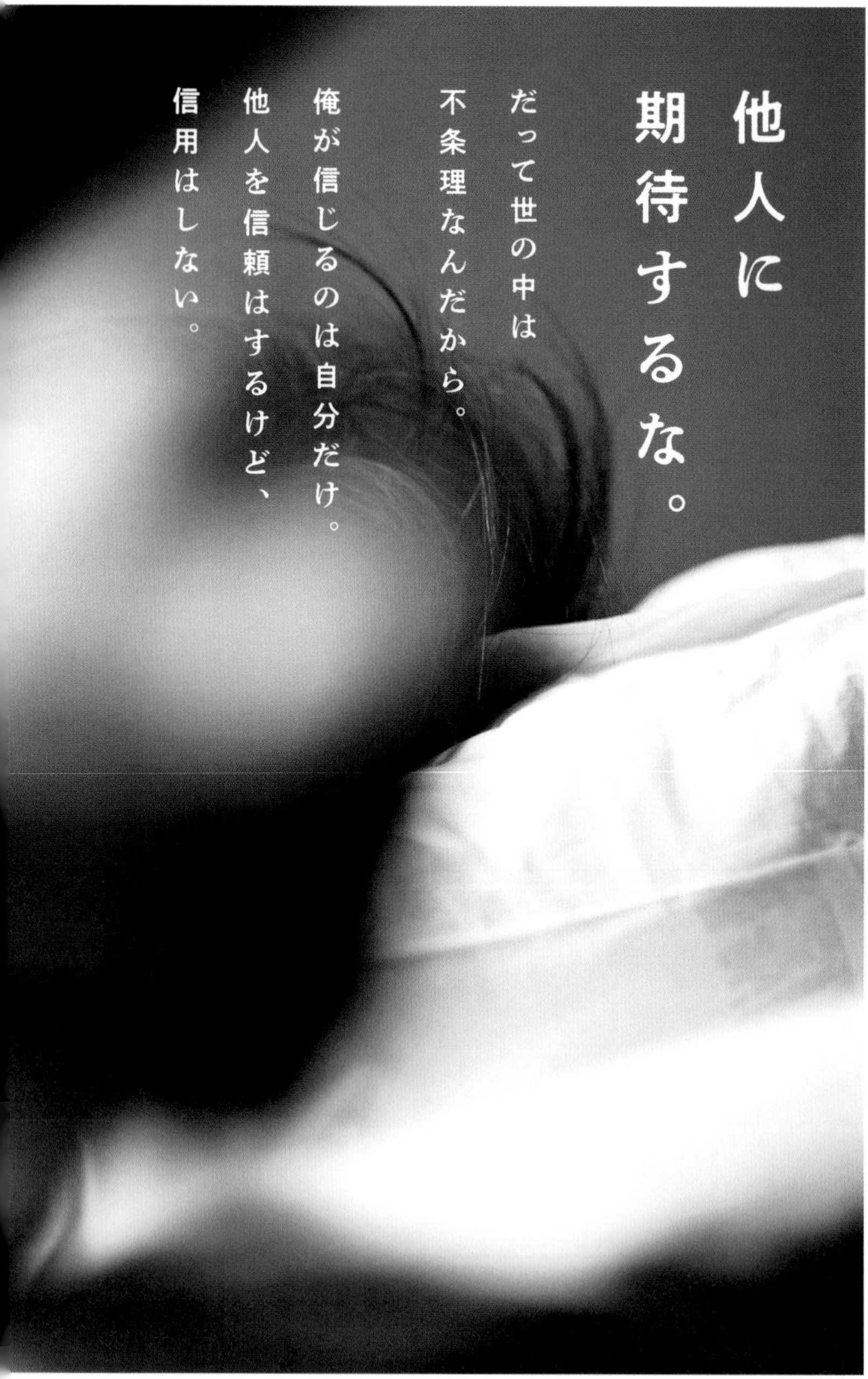

自分のことを
少数派だと思ったら、
それは君が
“その他大勢”とは違う
強力な武器を持っている証。

そんなの思い込みだって?
自分でそう思い込むのも大事なんだよ。

LY WOMAN SLICING APPLE
IIDDLE-AGED MAN LOOKING
OVER HER SHOULDER

他人からの賞賛や名声、承認欲求なんてどうでもいい。
人にどう見られるかなんて意味ないだろ?

20歳になる前は、毎日毎日泣いていた。
孤独や無力感に
押しつぶされそうな夜がいくつもあった。
でもそれはネガティブなことじゃない。

泣いたのは、諦めないため。
次の日から、また戦うため。

夜明け前がいちばん暗い。

ELDERLY WOMAN SLICING APPLE
WITH MIDDLE-AGED MAN LOOKING
OVER HER SHOULDER

大丈夫だ。
また立ち上がれる。
何度だって
人生はやり直せる。

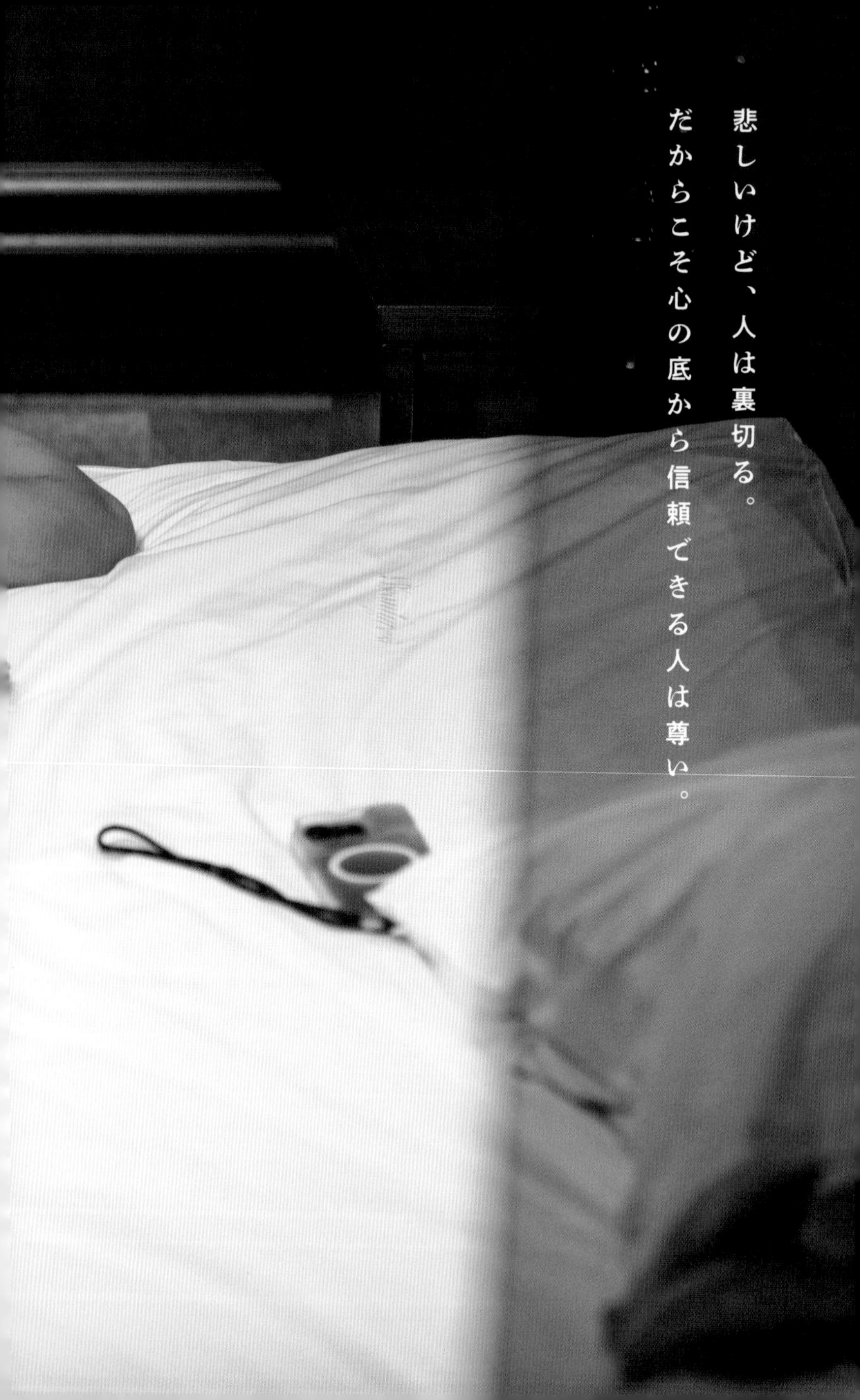

悲しいけど、人は裏切る。
だからこそ心の底から信頼できる人は尊い。

け命を燃やせるか？

時間は有限だ。
一度しかない人生だから挑戦し続ける。

限られた時間のなかで、どれだ

それが人生の価値になる。

起業、経営、投資、インフルエンサー、ホスト、格闘技——
これまでさまざまなことに挑戦してきた。

この先、俺を待っているのはなんなのか?

どんなにお金があっても、

命の前では無力です。

この貴重な人生を生き切る。

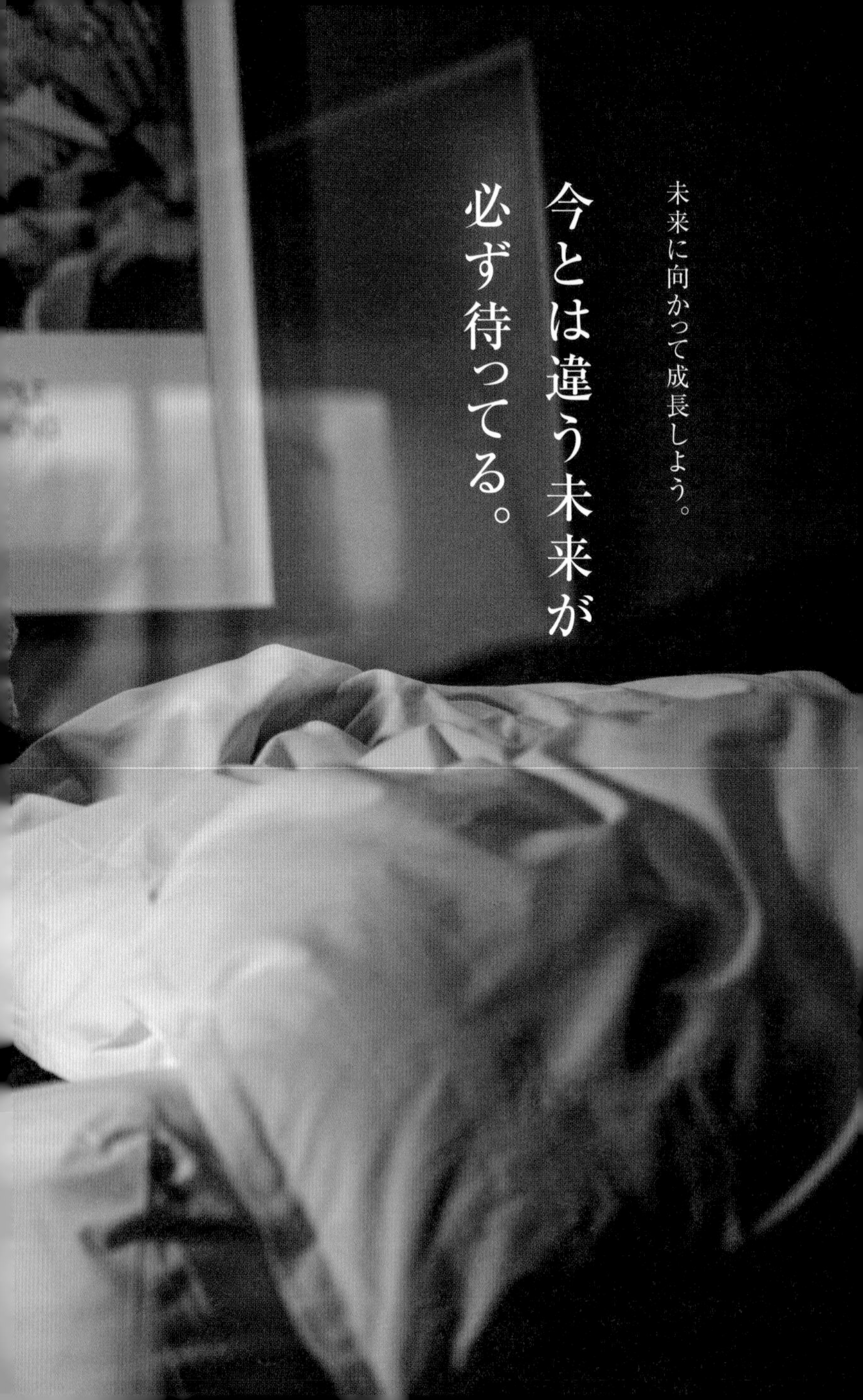

未来に向かって成長しよう。

今とは違う未来が
必ず待ってる。

常に上を見ろ。
目標を一つ達成したら、
その次の目標を見つける。
そうすれば、
落ち込んでいる暇なんかない。

おごるな、
サボるな、
満足するな。

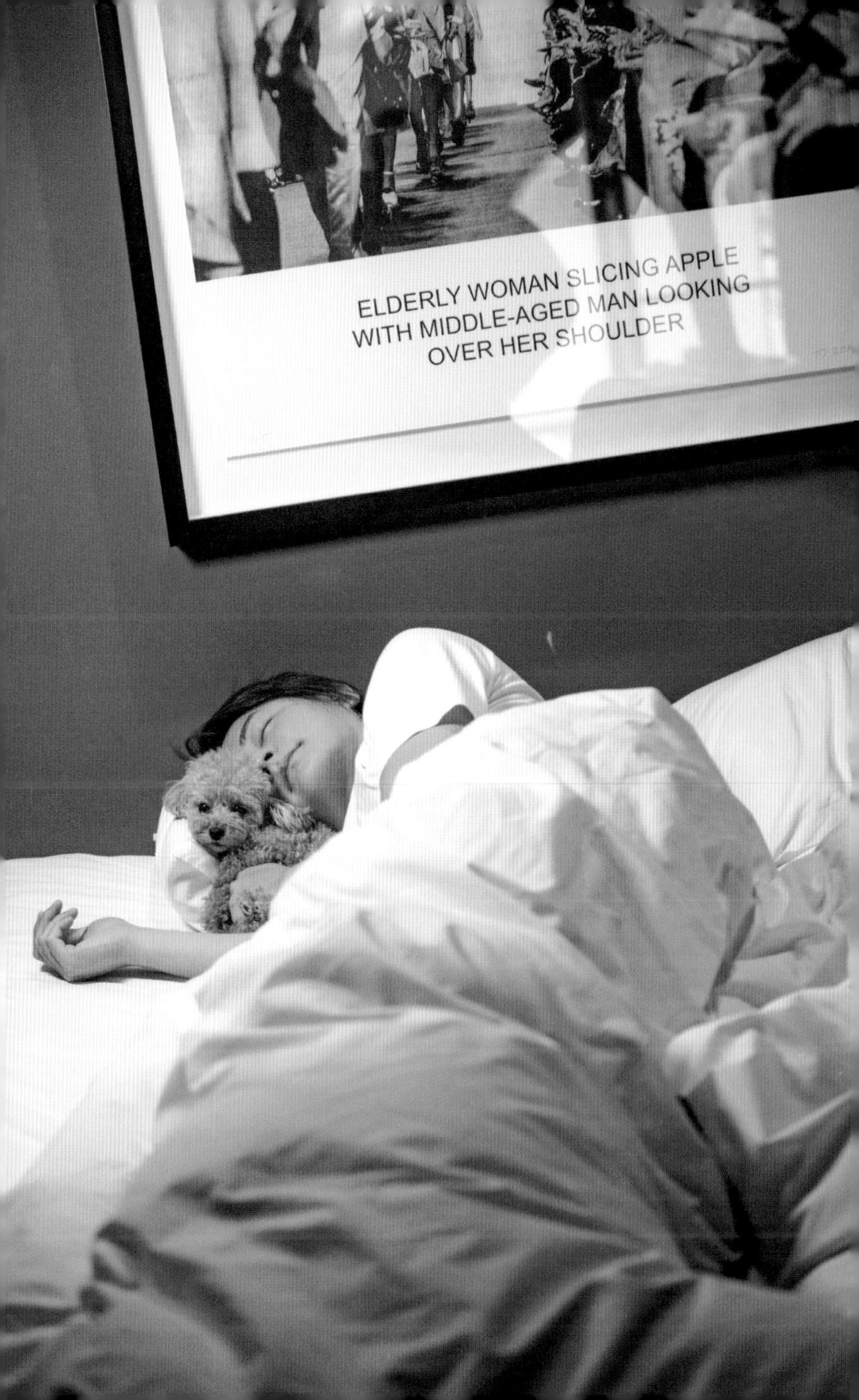
ELDERLY WOMAN SLICING APPLE
WITH MIDDLE-AGED MAN LOOKING
OVER HER SHOULDER

両方経験した身として断言しておく。
YouTuberやインフルエンサーよりも
経営者のほうが100倍儲かる。
そして圧倒的に夢がある。

10億、20億の景色はとっくに通り過ぎた。
100億、200億の景色も見飽きた。
次は年商1000億円を優に超える景色が見たい。
そのためにもう一度、
実業家として
ビジネスの世界での戦いを始めるんだ。

誰よりも格好いい経営者になりたい。
俺は次のステージに行く。
先の舞台には何が待っているのか――?
今、最高にワクワクしてる。

悪夢のようだった脱税事件から4年。
2023年9月には執行猶予が終わる。
ようやく一つの区切りがつく。
過去から解放されて新しい戦いを始めるにはいい機会だ。
俺は経営者に戻る。

「青汁王子」も引退することに決めた。
「青汁」の名前にはずいぶん助けられたし利用させてもらった。
みんなからこの名前で呼んでもらえるようになって、愛着も湧いてきた。
でも、いつまでも「王子」じゃいられないよね。

インフルエンサーとしての活動はどうするか考えていない。
決めているのは一つだけ。
俺は経営者に戻る。
俺はやっぱり経営者なんだ。

夢の持つエネルギーは最強だ！
若い頃は金儲けが夢だった。
でも大金を手にしても、俺の心は満たされない。
残ったのは虚しさと退屈だけだった。

今の夢は「格好いい経営者」になること。

若い人たちに経営者の魅力を知ってもらいたい。

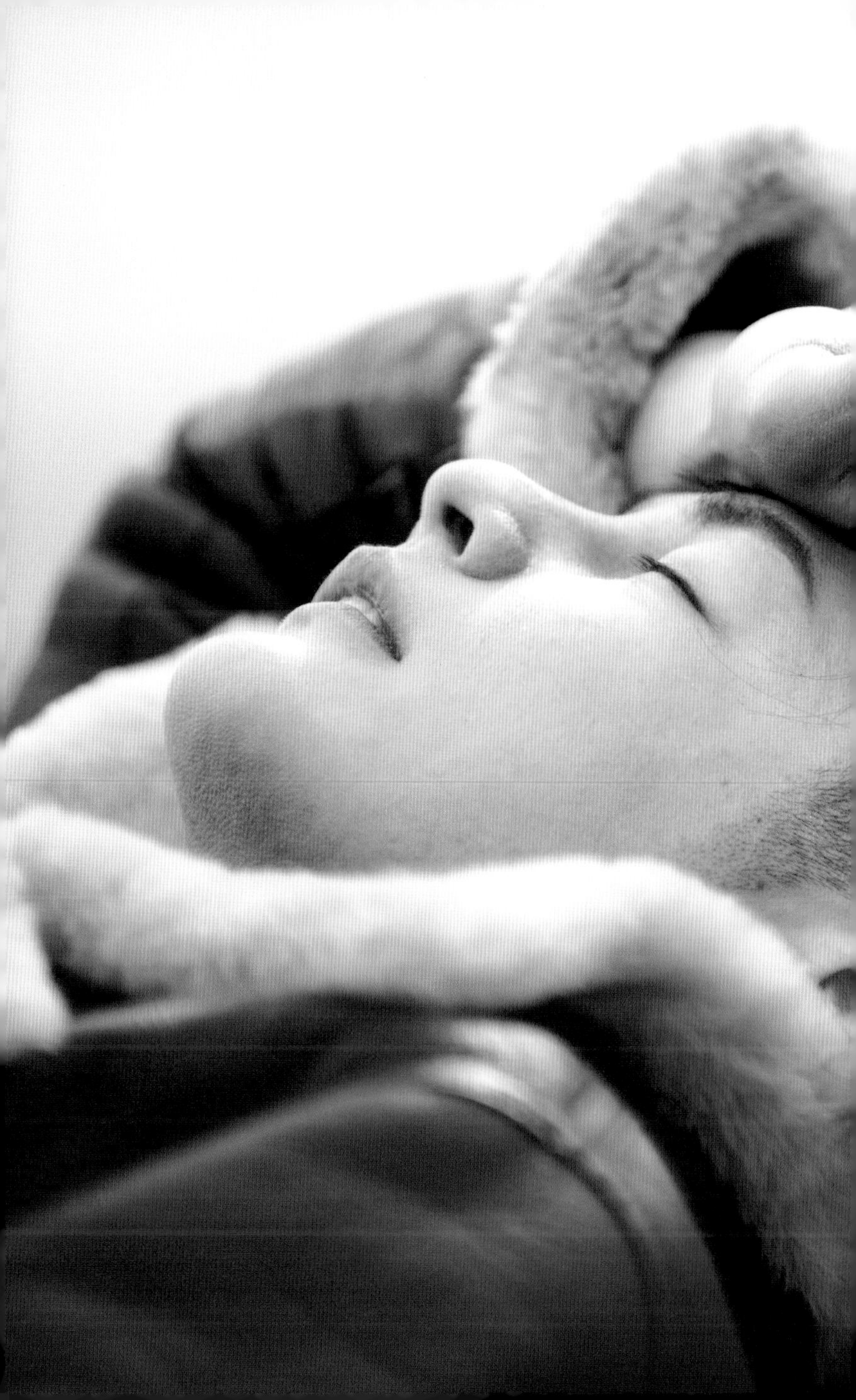

必要なのは
ビジョンだと思う。
人生の目的が「金儲け」から
「ビジョン」に変わった瞬間、
人生が開けた。

生きるために仕事をするんじゃない。
仕事をしたいから生きるんだ。

「すべてを手に入れたい」

ずっとそう思ってた。

金も、名誉も、女も、全部。

だから死ぬ気で努力した。

それが苦じゃなかった。

今の若者って、そういうヤツいないよな。

挑戦することにひよってるヤツばっかり。

そんなんでいいのか？

他人の目なんか気にするな、

人生の主役は自分だ。

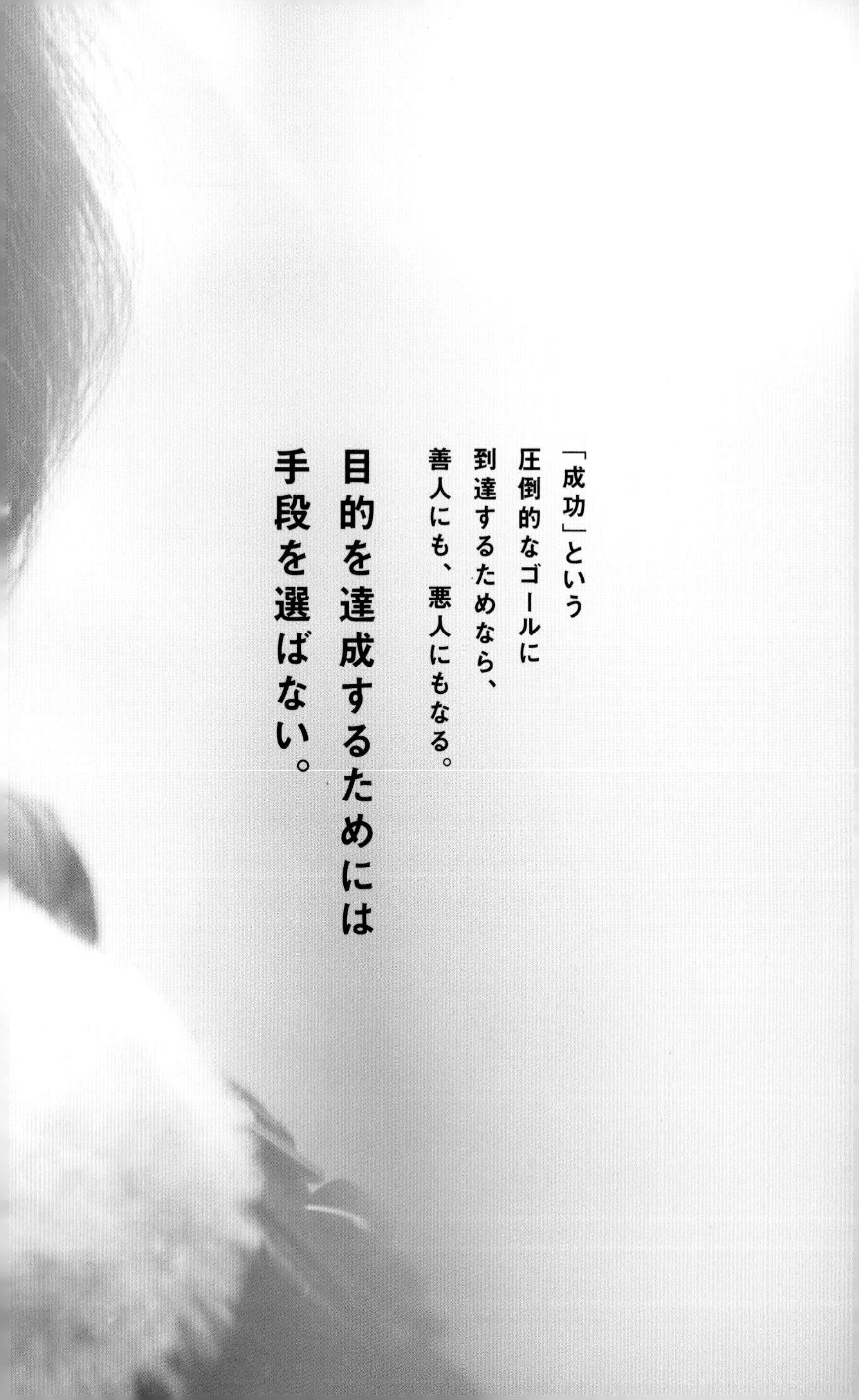

「成功」という
圧倒的なゴールに
到達するためなら、
善人にも、悪人にもなる。

目的を達成するためには
手段を選ばない。

マジックなんてない。
やるべきことを必死でやり、
成功するまでやり続けるだけ。
どんな手痛い失敗をしても、
そんなの途中経過でしかない。

成功者とは、
成功するまで
やり続けることが
できた人のことだ。

満たされないほうがいい。

満足したら、そこで終わり。

目的地に至るまで、
100のルートを考える。
1000の準備をする。
今の自分にあるもの、ないものを冷静に見極めて
足りないピースを埋めていく。

徹底的に情報を集め、
計画を立て、準備をして、出発する。

道の途中では思いもよらないトラブルが必ず起きる。
都度、解決しながら、一歩ずつ進んでいく。

何があっても歩みは止めない。

動きながら戦うんだ。

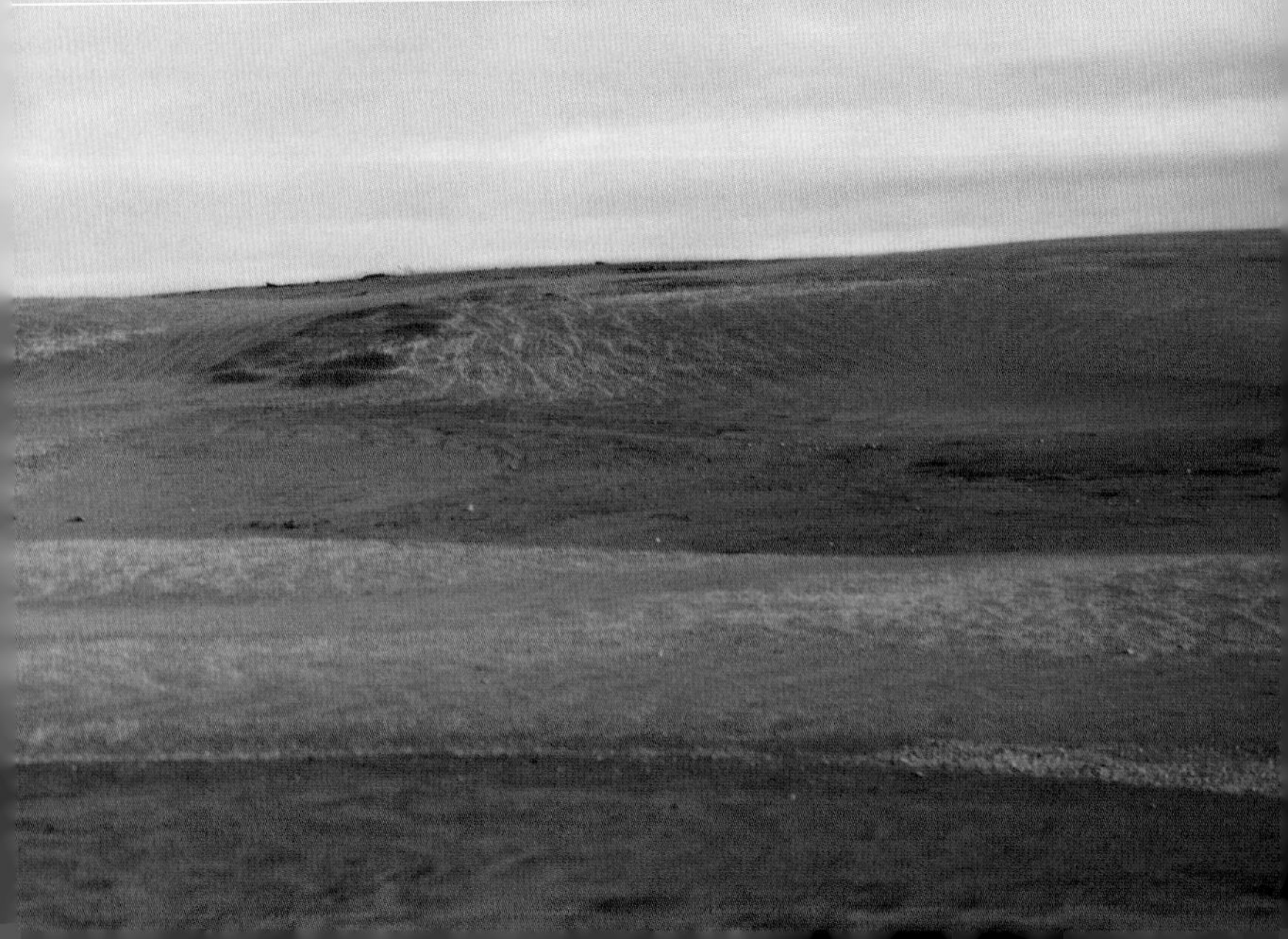

世界は広い。
地球はすごい。
だから、旅に出よう！

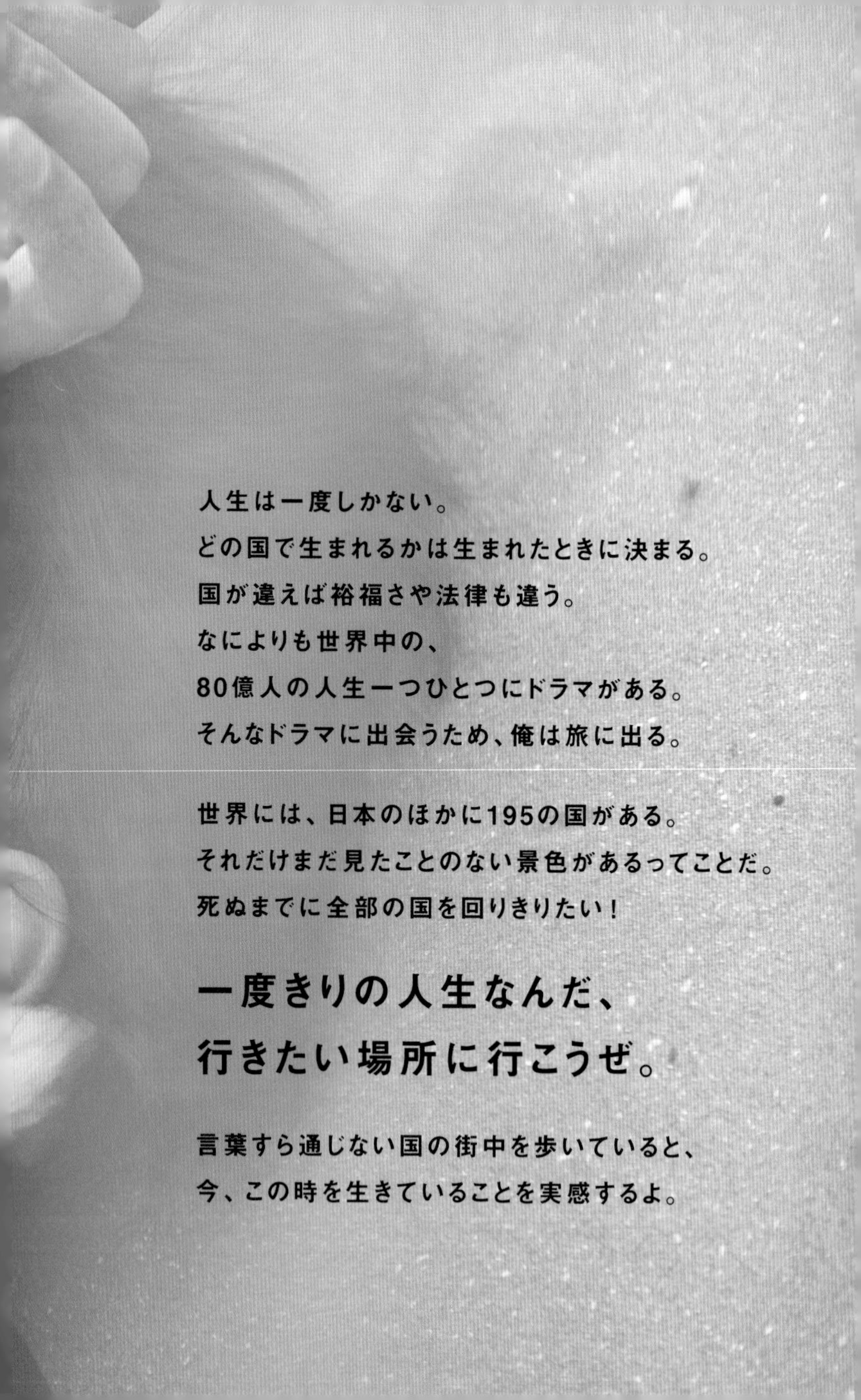

人生は一度しかない。
どの国で生まれるかは生まれたときに決まる。
国が違えば裕福さや法律も違う。
なによりも世界中の、
80億人の人生一つひとつにドラマがある。
そんなドラマに出会うため、俺は旅に出る。

世界には、日本のほかに195の国がある。
それだけまだ見たことのない景色があるってことだ。
死ぬまでに全部の国を回りきりたい！

一度きりの人生なんだ、
行きたい場所に行こうぜ。

言葉すら通じない国の街中を歩いていると、
今、この時を生きていることを実感するよ。

知らない場所に行くと、
自分のなかで
眠っていた何かが
刺激される。
いい部屋に泊まると、
部屋がインスピレーションを
与えてくれる。
場所に、
ビジネスのアイデアを
いただくという感覚だ。

人生も旅と同じ。

行き詰まったら
変化すべきなんだ。

そのまま同じことを繰り返しても、
現実は変わらない。
自分にとって理想の景色が見えるまで、
絶えず変化し続けよう。

旅は、
新しいビジネスへの挑戦にも似ている。

知らない場所に飛び込んで、
自分の目で見て、
身体で感じて、
直感を信じて行き先を決める。

その先に何があるのかは、
行ってみないと分からない。
ワクワクするだろ？

いい時もあった。
死にたくなるくらい酷い時もあった。
そんな時期を乗り越えた今だからこそ、
言えることがある。
誰かを見返してやりたいのなら、
復讐なんて時間の無駄。

自分の人生を謳歌する。

それが一番の報復になる。

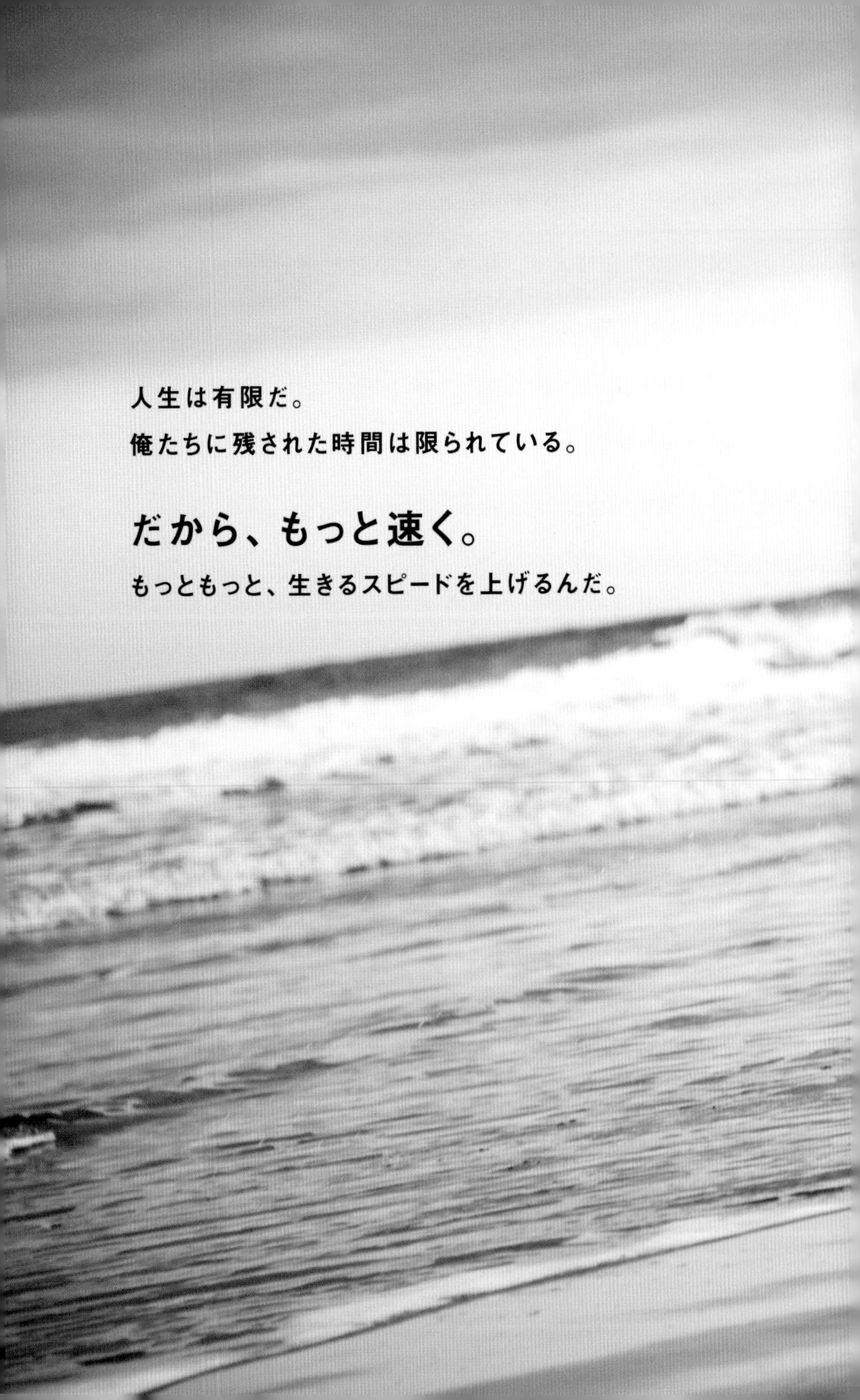

人生は有限だ。
俺たちに残された時間は限られている。

だから、もっと速く。

もっともっと、生きるスピードを上げるんだ。

東京に来てから15年が経つ。
18歳で起業してから、
ずいぶん遠くまで来た気がする。
この街でいろいろな出会いがあった。
多くのことを経験できた。
あれだけ嫌いだった自分を
少しは認められるようになった気がする。

俺自身、これからどうなっていくか予想はつかない。
まるで興味がなかった他人とのかかわりも、
少しは面白さが分かってきた気がする。

そんな新しい自分も受け入れられるかもしれない。
今は完全に向かないと思っている結婚だって、
したくなるかもしれない。
なんだか長い旅から帰ってきた気分だ。

結局すべては自分次第。

自分の可能性を殺すのも、自分次第。

夢を叶えるのも、自分次第。

過去にとらわれるな。
もう、新しい挑戦を始めてもいい頃だろ？

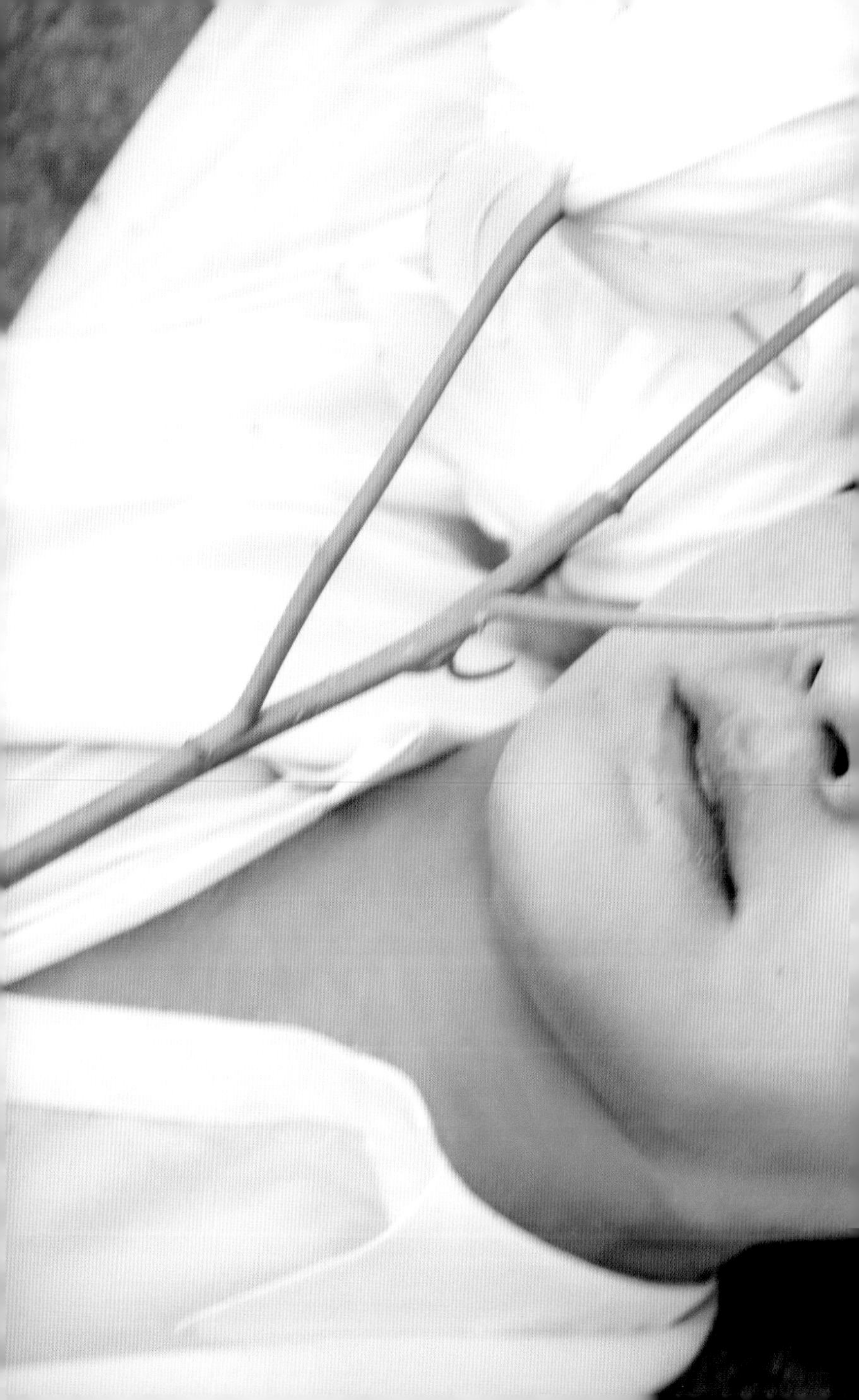

今、目の前のことに悩んでいる若者がいたなら、
俺はこう言うだろう。

「もっともっと苦労しろ」

その苦労は経験に変わり、
積み重ねた分だけ、財産になる。

きっと5年後、10年後には
今の悩みなんてちっぽけだと
笑えるくらいに成長してるよ。

親ガチャだろうがなんだろうが、
生まれてきてしまったからには
生きるしかない。
たった一度しかない人生なんだから、
親ごときに左右されるなよ。

自分の運命は自分で切り拓け。

俺がどん底で学んだこと。
人に裏切られても、騙されてもいい。
傷だらけになったって前には進める。

困ってるときにこそ、
人の真価って
問われるんだよ。

ここに来るまで、数えきれないほどの失敗をした。
でも、若いうちの失敗なんて
長い人生のうちのかすり傷にしか過ぎない。

男なら挑戦してなんぼだろ。

傷だらけになっても挑戦する人間でありたい。

どんな失敗をしたって
自分の行動一つで
過去は変えられる。

特捜に逮捕された頃の俺は、どん底だった。
「年商130億円の社長」から「犯罪者」へ――。
人生のなかで、これほど打ちのめされた出来事はない。

脱税の容疑をかけられて以降、
世間には悪い噂が瞬く間に広がった。
取引先が次々と離れ、
付き合いのあった友人たちも電話に出なくなっていく。
2019年2月に逮捕されると、
俺の声はもう、完全に誰にも届かなくなった。
マスコミに貼られた「金に狂った成金社長の転落」というレッテルは、
これまで積み上げてきた信用を真っ黒に塗りつぶしていった。
聞こえてくるのは嘲笑ばかり。
世の中は俺の想像をはるかに超えて、冷酷で残酷だった。
つらかった。悔しかった。腹が立った。

そして、どうしても世の中に証明したかった。
——俺は1億8000万円ぽっちのために
犯罪をおかすほど馬鹿じゃない！
そんな格好悪いことはしない！
こうして俺は自ら情報発信をするため、
死に物狂いでSNSに打ち込み、インフルエンサーになった。

あの時、膝を抱えてうずくまり、逃げることもできたと思う。
でも俺は絶対に諦めなかった。
——圧倒的行動。
これが自分の美学であり、
成功への絶対条件だと確信している。
だからどうか、これから成功をつかみたい人は、
今すぐ行動してほしい。
運命を変えるのは自分だ。

STAFF

> *PHOTOGRAPHER*
HIRO KIMURA

> *STYLIST*
伊藤 伸哉

> *HAIR and MAKE-UP*
藤原 早代

> *ART DIRECTOR*
柴田 ユウスケ［soda design］

> *WRITER*
常松 裕明

> *EDITORIAL PRODUCER*
吉原 彩乃［宝島社］

> *EDITOR IN CHIEF*
大崎 安芸路［Roaster］

> *EDITOR*
本間 綾乃・安田 天音［Roaster］

> *PROOF READING*
株式会社聚珍社

> *LOCATION*
TOP DANDY
野口ボクシングジム

SPECIAL THANKS

僕のビジネスを支えてくれている会社のみんな
育ててくれた家族
愛するルミナ
公私問わず仲良くしてくれる友人たち
そして、僕を励まし応援してくれる大切なフォロワーの皆さん

三崎優太（みさき ゆうた）

1989年生まれ。北海道出身。実業家、起業家、インフルエンサー。高校を二度退学後、18歳の時にパソコン1台で起業し、株式会社メディアハーツ（現・ファビウス株式会社）を設立。2017年に「すっきりフルーツ青汁」が累計1億3000万個の大ヒット商品となり、年商130億円を突破。「青汁王子」の異名で注目を浴びる。しかし、2019年2月、約1億8000万円を脱税したとして、法人税法違反などの疑いで東京地検特捜部に逮捕される。順風満帆の人生から一転、どん底の苦しみを味わったが、その経験をバネにTwitter上で企画した「青汁劇場」がフォロワー130万人を集め、大きな話題を呼んだ。現在は投資家として10社以上に投資し、累計売上高は1200億円を超えている。著書に『過去は変えられる』（扶桑社）、『時を稼ぐ男 新時代の時間とお金の法則』（KADOKAWA）などがある。

Twitter @misakism13
YouTube「三崎優太 青汁王子」
Instagram @yuta_misaki

億を稼ぐ美学

2023年4月12日　第1刷発行

著者　三崎優太
発行人　蓮見清一
発行所　株式会社 宝島社
〒102-8388　東京都千代田区一番町25番地
☎03-3234-4621（営業）
☎03-3239-0646（編集）
https://tkj.jp
印刷・製本　サンケイ総合印刷 株式会社

　ISBN978-4-299-03080-1